ネイティブ流
シンプル英語

日常・旅先・メール・SNS

ネイティブ
が使うのは

たった

英語
10前置詞!

デイビッド・セイン
David Thayne

_____ に入る前置詞、
どっちが正解？

彼に嫉妬してるんだ

I'm jealous ___ him.

at   <u>of</u>

ジョギングで疲れた

I'm tired ___ jogging.

by   <u>from</u>

9時からミーティング

The meeting starts ___ 9:00.

at   <u>from</u>

困っている

be ___ trouble

<u>in</u>   on

何時間も話した

We talked ___ hours.

for   **in**

ワインはブドウから作られる

Wine is made ___ grapes.

from   **of**

経済の授業をとっている

I take a class ___ economics.

of   **on**

よく言ってくれた

How nice ___ you to say that!

of   **on**

「コアイメージ」がわかれば 使い分けはカンタン！

　突然ですが、
「天井のシーリングライト（照明）」は、

light ＿＿＿ the ceiling

　＿＿＿ に入るのは、**in　on** どっちでしょう？

　「下向きに貼りついてるから、
onじゃないよな、
in？」
　と思った人も多いのでは？

　でもこれ、正解は

on

です。
「え?!　onって『〜の上に』じゃないの？」
　と、思いますよね？
　それは、学校で「〜の上に」というイメージで教わったか
らかもしれません。

　でも、onは「上に」とは限らないんです。

onのコアイメージは、
「くっついている」。

　テーブルの上に置いてあるスマホも、壁に貼ってある絵や
柱時計も、天井から下向きに設置されているシーリングライ
ト（照明）も、さらには枝からぶらさがってるコウモリも、
「くっついている」から
on
　なのです。

　「ドライブに行こう」と言うなら、
Let's go _____ a drive.
　_____ に入るのは、**for　to** どっち？

　「Go To トラベル」、ありましたね。だから
「toでしょ？」
と思った人も多いのでは？

　じつはこれ、
for が正解。ネイティブは皆、forを使います。

　なぜでしょう？

前置詞の to は、具体的な場所への移動や方向を表す時に使います。

この場合「ドライブに」は移動や方向ではなく、目的を表しています。

そのため目的のニュアンスのある for を使うのが正解となります。

日本人は、to と for の使い分けが苦手です。

それは、学校で「to は『〜へ』」、「for は『〜のために』」と、たった1つの和訳と紐づけて覚えるように習ったからかもしれません。

ネイティブは、コアイメージで理解しているから、子どもでも間違えずに使い分けられるんです。

✅ たった10コでOK！

ネイティブの会話は、前置詞なしではほとんど成立しません。前置詞を正しく使い分けることができると、会話の幅がグッと広がります。

といっても、いくつもの前置詞をマスターする必要はありません。ネイティブが毎日使うような、大事なものだけでまずはOKです。

それは、たった10コです。

もちろんその他の前置詞も使いますが、この10コのコアイメージをマスターすれば、それがしっかりしたベースにな

り、他との使い分けも理解できるようになるはずです。

☑ そもそも、前置詞って何？

さて、ではそもそも前置詞とは何でしょう？

私たちは日本語を話す時に、前置詞なんて意識せずに話していると思います。

「前置詞」という言葉を見るたびに、「とてもよく考えられた言葉だな」と思います。

英語では前置詞のことをprepositionと言います。

pre-は「前」、positionは「位置、場所、配置」を意味します。

それを日本語で漢字に置き換えたのが「前置詞」ですが、「前に置いた言葉（詞）」とは、一体何の前に置くのでしょう？

文法の本などでは、よく次のように説明されています。

「前置詞は名詞（または代名詞）の前に置き、意味をプラスします。『〜を』『〜に』などに当たる言葉です」

☑ 前置詞があるとないとで大違い！

こう言われても、すぐには理解できないかもしれません。どういうことかというと、たとえば

Look!（見て！）

とだけ言われても、一体何を見ればいいのかわかりません。

でも、

Look at that star!（あの星を見て！）

と言われたら、「星を」見ればいいのだとわかります。

このように、具体的に、

「何を」

「何に」

「何と」

「何で」

どうすればいいかをハッキリさせるのが、前置詞の役割なのです。

先ほどの文では、「〜を」にあたる at が前置詞で、そのあとには名詞の that star（星）が続いています。

☑ 必須前置詞10をマスターしよう！

実は、英語の前置詞は78個（！）もあると言われています。とはいっても、中にはほとんど使われていない

saving（〜以外は）

vice（〜の代わりに）

など、前置詞かどうか議論されているものも含まれています。

ネイティブですら、そう使わない前置詞を覚えても意味がありません。

そこでこの本では、「これだけは絶対に覚えてほしい前置詞10」を厳選して解説します。

本書で取り上げた、

at　in　to　for　from
of　on　off　by　with

　この10前置詞の使い方さえマスターすれば、日常英会話は、まず問題ありません。

　ぜひネイティブの前置詞感覚を身につけて、より「自然な英語」を話し、書く楽しさを知って頂きたいと思います。

　では、始めましょう！

10 前置詞 一覧

【1】
at

コアイメージ

ピンポイントで「ここ！」

【2】
in

コアイメージ

空間の中！

【3】
to

コアイメージ

目標に向かって一直線に
進む矢印

【4】
for

コアイメージ

"ハート" をどうぞ！

【5】
from

コアイメージ

スタート地点から！

【6】
of

コアイメージ

所属している

【7】
on

コアイメージ

ピッタリくっついて！

【8】 off

コアイメージ

離れて

【9】 by

コアイメージ

そばに

【10】 with

コアイメージ

～とともに

Contents

10前置詞のコアイメージと使い方

【1】 ## at

コアイメージ ピンポイントで「ここ！」

Q1　atが指すのは、どのくらいの範囲？

Q2　時間のatはどんな時に使う？

Q3　atを方向や目的に使うと？

Q4　年齢、割合、度数を表すatの使い方は？

Q5　状況や状態を表す言い方は？

Q6　「得意・不得意」を表す時のポイントは？

Q7　at＋最上級はどんな意味になる？

Q8　場所のatとin、どう違う？

Q9　時のatとfrom、どう違う？

Q10　目標のatとto、どう違う？

[8]
off

コアイメージ **離れて**

Q1　off は物から離れるイメージ？

Q2　役割や仕事から離れる off は？

Q3　「取る、取れる」は off をどう使う？

Q4　ディスカウントの off の使い方は？

Q5　off を使ったイディオムといえば？①

Q6　off を使ったイディオムといえば？②

Q7　「今日はオフ」を英語にすると？

Q8　off で「電源オフ」を表せる？

Q9　off で外出を表せる？

Q10　off で体調を表せる？

Q7　賛成、一致のwithとは？

Q8　withとbyは同じように使える？

Q9　感情を表す時のatとwithの違いは？

Q10　withの意外な使い方は？

イラスト　　　　しゃもた
カバーデザイン　喜來詩織（エントツ）

📖 この本の使い方

Part 1

☑ コアイメージ

その前置詞を、ひとことで言うと
これ！
という説明です。❶

☑ Answer

Questionに対する説明です。❸

☑ Question

前置詞について、生徒さんからよく寄せられる質問を厳選しました。
❷

☑ フレーズ例と解説

その前置詞の意味や使い方をイメージしやすい例文・和訳と解説です。❹

❶

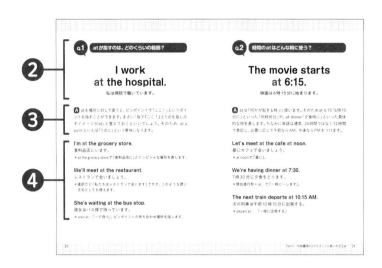

Part 2

「10前置詞」がランダムに登場する会話例です。

ネイティブは、こんなふうに前置詞を使いこなしています。

実際のやりとりから、前置詞のイメージをより深く理解し、使えるようになります。

10前置詞の
コアイメージと
使い方

at

 コア イメージ ピンポイントで「ここ！」

「朝7時に起こして」は、Wake me up at 7:00.
「渋谷駅で会おう」は、See you at Shibuya Station.
「7時ジャスト」「渋谷駅」と1点に限定するなら at です。

①「場所」の at

See you at Shibuya Station.　渋谷駅で会おう。
at Shibuya Station「渋谷駅で」と指定すれば、ハチ公前でなく「渋谷駅」。
See you in Shibuya.「渋谷で会いましょう」だと、広い渋谷のどこかがあいまい。「1点」を指定できるのが、at です。

②「時間」の at

The movie starts at 7:18.　映画は7時18分に始まる。
「～時に」と「1点の時間」を伝える時も at !「映画は午前中に始まる」という幅のある時間だと、The movie starts in the morning.と in を使います。

③「方向」「目的」の at

Look at that star!　あの星を見て！
「あそこ！」という1点を指すのに、at は便利。Look at ... で「～を見て」、shout at ...「～に向かって叫ぶ」、aim at ...「～を狙う」など、at で具体的な場所、方向、目的がわかります。

④「数字」と at

She became a doctor at 32.　彼女は32歳で医者になった。
at＋数字で、「ピンポイントの数字」を表します。at the age of ...「～歳で」、at a rate of ...「～の割合で」など、正確な数字がわかります。

Q.1 **atが指すのは、どのくらいの範囲？**

I work
at the hospital.

私は病院で働いています。

A atを場所に対して使うと、ピンポイントで「ここ！」というポイントを指すことができます。まさに「指で『ここ！』と1点を指し示すイメージがat」と覚えておくといいでしょう。そのため、at a pointといえば「1点に」という意味になります。

I'm at the grocery store.
食料品店にいます。

＊at the grocery storeで「食料品店に」とドンピシャな場所を表します。

We'll meet at the restaurant.
レストランで会いましょう。

＊直訳だと「私たちはレストランで会います」ですが、このような誘い文句としても使えます。

She's waiting at the bus stop.
彼女はバス停で待っています。

＊wait at ...「～で待つ」、ピンポイントの待ち合わせ場所を指します。

Q.2 時間のatはどんな時に使う？

The movie starts at 6:15.

映画は6時15分に始まります。

A at は「何かが起きる時」に使います。そのためat 6:15「6時15分に」といった「何時何分」や、at dinner「夕食時に」といった具体的な時を表します。ちなみに英語は通常、24時間ではなく12時間で表記し、必要に応じて午前なら AM、午後なら PM をつけます。

Let's meet at the cafe at noon.
昼にカフェで会いましょう。
＊at noon で「昼に」。

We're having dinner at 7:30.
7時30分に夕食をとります。
＊現在進行形＋at ... で「～時に～します」。

The next train departs at 10:15 AM.
次の列車は午前10時15分に出発する。
＊depart at ... 「～時に出発する」

Look at the star.

星を見て。

A atを場所に使うと「ピンポイントの1点」を表します。同様に方向や目的などに対して使うと、「ここ！」という1点を指し示すことができます。look at ... と言えば「ここぞという見るべき方向」、aim at ... なら「ここを狙って」というイメージです。

She smiled at me.

彼女は私に微笑んだ。

* smile at ... 「~に微笑む」

Don't throw the ball at the window.

窓にボールを投げないで。

* throw at ... で「~に向けて投げる」。投げる方向が明確にわかりますよね？　これがatです。

The new policy is aimed at reducing pollution.

新政策は公害削減を目的としている。

* aim at ...「~を目指す」。「優勝」など目標に向かっているイメージ。

Q.4 年齢、割合、度数を表すatの使い方は？

I started working here at the age of 25.

私は25歳の時にここで働き始めました。

A atは時間だけでなく、年齢や割合、度数、価格といった数字の前にも置くことができます。at＋年齢なら「〜歳で」、at＋度数なら「〜度で」、at＋割合なら「〜％で」など、ピンポイントの数値を表す時に使います。

The carpenters finished the work at a rate of three houses a day.

大工は1日3軒のペースで作業を終えた。

＊ at a rate of ...　「〜の割合で」

Her temperature is dropping at a rate of 2 degrees an hour.

彼女の体温は1時間に2度ずつ下がっている。

＊ ... degrees an hour　「1時間に〜度」

I bought the tickets at a discount.

私は割引価格でチケットを購入した。

＊ at a discount　「割引価格で」

状況や状態を表す言い方は？

Everyone is so friendly. I feel at ease already.

みんなとても親切です。私はすっかり安心しています。

A 「at＋状況（を表す言葉）」で、その時に置かれた人やものの状態を表すことができます。be動詞のあとに使われることが多く、be at easeなら「くつろいでいる」、be at a lossなら「途方に暮れている」。

I can't believe I won! I'm at a loss for words.

勝ったなんて信じられない！ 言葉が出ない。

＊ be at a loss for words 「言葉を失う、絶句する」

I'm at a crossroads in my career.

私はキャリアの分かれ道にいます。

＊ be at a crossroads in life 「人生の岐路にある」

She was at a loss what to do next.

彼女は次に何をすべきか途方に暮れていた。

＊ be at a loss 「途方に暮れる」

She is good at playing the piano.

彼女はピアノが上手です。

A be good at ...「～が得意だ」、be poor at ...「～が苦手だ」、be talented at ...「～の才能がある」など、「これ」とピンポイントの特徴を言う時にも at が使えます。at playing the piano「ピアノを弾くこと」のように、at のあとに動詞が続く時は ing 形になります。

He isn't very good at remembering names.
彼は名前を覚えるのが苦手だ。

* not very good at ... 「～することが得意ではない」
  →「～することが苦手だ」

She's good at solving puzzles.
彼女はパズルを解くのが得意です。

* solve puzzles 「パズルを解く」

She's excellent at time management.
彼女は時間の管理に優れています。

* be excellent at ... 「～に優れている」

They arrived at the best possible time.

彼らは最高のタイミングで到着しました。

A 「at（the）＋形容詞の最上級」で「最も〜な（状態）で」と最上級の状態を表すことができます。at the best possible time なら「（可能な限り）最高のタイミングで」、at one's best なら「〜の最盛期で」。ちなみに at the least や at the very least は at least と省略され、「少なくとも」という意味で使います。

The ambulance moved at the fastest possible speed.

救急車は最速で移動した。

＊at the fastest possible speed 「可能な限り最速で」

I need to get at least eight hours of sleep.

少なくとも8時間は寝ないといけない。

＊at least ... hours 「少なくとも〜時間」

Quality is at the very heart of the matter.

品質こそが問題の核心だ。

＊at the very heart of ... 「〜の中心に」

Q.8 場所のatとin、どう違う？

She is at the cafe in the shopping mall.

彼女はショッピングモールのカフェにいます。

A atがピンポイントの場所を指すのに対して、inはそれよりも大きな場所を指します。そのためat the cafe in the shopping mallは、大きなショッピングモールの空間の中に1軒のカフェがあるイメージに。このような時は、「at＋場所 in＋場所」の語順になるのがポイントです。

They're at the park in the center of the city.

彼らは街の中心にある公園にいる。

＊at the park in the center of the city 「市内中心部の公園に」

We're at a beach in the southern part of the state.

私たちは州南部のビーチにいる。

＊at a beach in ... 「～のビーチに」

Are you at the school library?

学校の図書館にいるの？

＊Are you at ...? 「(今)～にいますか？」

The meeting will start at 10:00.

会議は10時に始まる。

Ａ 日本語だと「会議は10時から始まる」とも言いますよね？
The meeting will start from 10:00. でも英語として通じなくもあ
りませんが、文法のテストではバツ！　なぜなら「atは何かが起き
る時に使うから」。ぜひこのatの感覚を覚えておきましょう。
* fromは通常「期間の開始」を表す時に使い、「単一の開始時刻」を
　表す時には使いません。

The class will begin at 9:00 in the morning.

そのクラスは午前9時に始まる。

* begin at ...　「〜に始まる」

The event will start at 6:00 PM sharp.

イベントは午後6時ちょうどに始まります。

* start at ... sharp　「〜時ちょうどに始まる」

The event will be held at 10:00 AM.

そのイベントは10時から開催される。

* be held at ...　「〜に開催される」

Q.10 目標のatとto、どう違う？

A crow flew at the kitten.

カラスが子猫めがけて飛んできた。

A fly at ...「～めがけて飛ぶ」の場合のatは「ピンポイントの目標」を表します。前置詞のtoにも「～に向けて」という意味があり、A crow flew to the kitten. だと「カラスが子猫の方へと飛んできた」。atが「この1点」という目標なのに対し、toは全体的な方向を指します。

We threw rocks at the bear.

私たちはクマに向かって石を投げた。

* throw at ... 「～めがけて投げる」

His dog ran to him.

犬は彼の方へ走った。

* run to ... 「～の方へ走る」

The baby bird flew to its mother.

雛鳥は母親のもとへ飛んでいった。

* fly to ... 「～の方へ飛ぶ」

in

コア イメージ 空間の中！

前置詞のinは「空間の中」のイメージ。atがピンポイントの場所や時間なのに対し、inはある程度幅のある場所や時間を表します。in the morningなら「午前中に」と朝から昼までの数時間。時間や場所の「範囲内」だけでなく、「(服を)着る」、「(集団に)参加して」などのニュアンスもあります。

①「場所」のin

The apples are in the basket.　リンゴはかごの中にある。

in the basket「かごの中」のように、空間の中にあることを表すのがin。

in the room「部屋の中に」、in Tokyo「東京で」、in the world「世界で」など、小さな場所から大きな空間まで、さまざまな「範囲の中にあること」を表現できます。

② 時間のin

I was born in 2001.　私は2001年に生まれた。

inはある程度、幅のある時間を指す時に使います。in 2001なら「〜年に」と2001年のどこか、in July「7月に」なら7月のいつか、in the afternoon「午後に」ならお昼から夕方までの間、in an hour「1時間で」なら1時間のうちに。大体の時間を表せます。

③「状態」のin

I'm in trouble.　困っています。

inの「空間の中」のイメージは、「状態や状況の中」にも使えます。be in troubleなら「トラブルの中にいる」→「困っている」、fall in loveなら「恋に落ちる」→「恋愛中」。fall in loveの「恋という状況の中にいるイメージ」こそ、状態のinをよく表しています!

④「身につける」のin

I saw *Men in Black*.　黒服の男たちを見た。

映画「*Men in Black*」のinがこれ。inには「〜を身につけて」という意味もあり、in black「黒服を着た」、in uniform「ユニフォームを着た」、in a coat「コートを着た」などいろいろ応用できます!

場所・位置のin、atとの違いは？

He is in the office.

彼はオフィスにいる。

A 場所や位置を表す時のinのイメージは、「～の中に」。何かの中に「いる、存在する」様子を想像しましょう！ atがピンポイントの「ここ！」なのに対し、inは広いエリアの中（in America「アメリカで」）や、四方を囲まれている状態（in the box「箱の中で」）を表します。

There's juice in the fridge.

冷蔵庫にジュースがある。

* in the fridge 「冷蔵庫の中に」

Chris lives in London.

クリスはロンドンに住んでいる。

* live in 場所 「～に住んでいる」

There are some clouds in the sky.

空にいくつか雲がある。

* in the sky 「空に」

Q.2 inを動詞とセットで使うと？

Put the money in the box.

その箱にお金を入れてください。

A 動詞とinをセットで使えば、「〜の中へ（に）、〜の方へ（に）」と「動き」を表現できます！　何かの中への移動や、動作の方向・方角を表すのに使い、たとえばput「置く」とinを合わせたput inは「入れる」、go「行く」とinを合わせたgo inは「中に入る」というイメージになります。

He fell in the pool.

彼はプールに落ちた。

＊ fall in the pool　「プールの中に落ちる」

Let's get in the taxi.

タクシーに乗ろう。

＊ get in the taxi　「タクシーに乗る」

I'm walking in that direction.

私はそちらに向かって歩いています。

＊ walk in that direction　「その方向へ歩く」

I was born in 2000.

私は2000年生まれです。

A in 2000のように、inの後に年号を置くと「2000年に」となります。年号以外に、in the morning「午前中に」、in the afternoon「午後に」、in the evening「夜に」など、atがピンポイントの時間を指すのに対し、inは「ある程度幅のある時」を表します。

We're going to have a party in April.

4月にパーティーを開く予定だ。

＊ in April 「4月に」

I always take a shower in the evening.

いつも夜にシャワーを浴びる。

＊ in the evening 「夜に」

This hotel was built in 1960.

そのホテルは1960年に建てられた。

＊ in 1960 「1960年に」

Q.4 inで「服を着る」？

I saw a man in black.

黒い服を着た男性を見た。

A 「着る」というとwearを思い浮かべるでしょうが、前置詞のin には「〜を身に着けて」なんて意味も！ 着物を体に巻き付けると 「服の中に」というイメージになりますよね？ そこからin a coat で「コートを着た」、in a dressなら「ドレスを着ている」となります。

Several girls in uniform walked by.
制服を着た数人の少女が通りがかった。

＊in uniform 「ユニフォームを着た」

I met a man in a bright red coat.
真っ赤なコートを着た男に会った。

＊in a bright red coat 「真っ赤なコートを着た」

You look nice in that dress.
そのドレス似合っていますよ。

＊直訳は「そのドレスを身に着けたあなたはステキに見える」。

One in five workers is sick today.

今日、働き手の5人に1人が病気だ。

A 「数詞 in 数詞」で割合を表せます。in のコアな意味は「〜の中」なので、例文は「5人の従業員のうち1人の従業員（one worker）」という意味に。「one in 数詞」の場合、主語は単数（are でなく is）になるので要注意！

Three in five people agreed.

5人に3人が同意した。

＊ three in five people 「5人のうち3人」

In this city, seven in ten cars are black.

この街では10台に7台が黒塗りだ。

＊ seven in ten cars 「10台の車のうち7台」

One in a million people is born with superpowers.

100万人に1人はスーパーパワーを持って生まれる。

＊ one in a million people 「100万人に1人」

I'm in trouble.

困っています。

A in には「〜の状況の中で、〜の状態で」という意味もあります。in trouble なら「困った状況にいる」となり、全身すっぽりトラブルに包み込まれたイメージ（嫌なイメージですね）！　他にも in a bad mood「機嫌が悪い」など、さまざまな状態・状況を表現できます。

The large meeting room is not in use.
その大会議室は使われていない。

＊ not in use　「使われていない状態」

Everyone was in shock after the accident.
事故の後、みんな動揺していた。

＊ in shock　「動揺している」

I haven't been in very good health lately.
私は最近健康状態が良くない。

＊ in good health　「健康状態がいい」

I'm in the dance group.

私はダンスグループの一員です。

A in the dance group は「ダンスグループの一員」ですが、これを with the dance group にすると「そのグループを応援している」という意味に。in が「中に入る」なのに対し、with が「寄り添う」イメージになる点で異なります。そのため、I was in the conversation. は「会話に参加していた」、with the conversation なら「会話の内容に賛成」です。

My daughters are in school.

娘たちは学校に通っている。

＊in school 「在学中で」

Rick's in the sales department.

リックは営業部門にいる。

＊in the sales department 「営業部門に所属している」

They're in the tennis club.

彼らはテニス部に所属している。

＊in the tennis club 「テニス部に所属している」

Q.8 inとwithinの違いは？

Let's start
in 30 minutes.

30分後に始めよう。

A in 30 minutesは「30分後」ですが、Let's start within 30 minutes.
なら「30分以内に始めよう」。withinの意味は「ある期間以内、また
はそれより早く」ですから、時間のwithinは「〜以内」と覚えておく
と便利です！

I'll email you in a few minutes.

数分後にメールします。

＊in a few minutes　「数分後に」

The meeting will end in an hour.

1時間後に会議は終わるでしょう。

＊in an hour　「1時間後に」

You'll recieve a package in three days.

荷物は3日後に到着します。

＊in three days　「3日後に」

Please come in.

入ってください。

A come in で「中に入る」という意味で、実はここでの in は副詞。Come! だけでも「来て！」という意味で使えますが、副詞の in を付けることで「中に」というニュアンスを追加できます。副詞として使う時は後ろに目的語（名詞）を置かないので、そこで前置詞か副詞か見分けましょう。

I went in and had some coffee.

中に入ってコーヒーを飲んだ。

＊ go in 「中に入る」

Mr. White dropped in this morning.

ホワイトさんが今朝立ち寄りました。

＊ drop in 「立ち寄る」

Carol should be in by 10:00 this morning.

キャロルは今朝10時には到着するはずだ。

＊ be in 「在宅して、出勤して」

場所のinとinto、どう違う？

I walk in the forest every morning.

私は毎朝森を散歩します。

A walk in the forestは「森を歩く」「森を散歩する」ですが、これがI walked into the forest and got lost. なら「私は森の中に入って迷子になった」という意味に。より内部へと入り込むイメージがintoです。

He swam in the pool.
彼はプールで泳いだ。

＊in the pool 「プールの中で」

I heard it's raining in the city.
街では雨が降っているそうだ。

＊in the city 「街で」

She walked into the room.
彼女は部屋の中へと入ってきた。

＊intoを使うことで、部屋の内部へと足を踏み入れたことがわかります。

【3】

to

コア イメージ 目標に向かって突き進む矢印！

to といえば「〜へ」、まさに矢印マークを思い浮かべるといいで
しょう。
矢印の向かう先が、to が指し示す方向・場所・時間です。
「〜まで」と、目的地や、目的そのものも表します。

①「方向・場所」の to

I go to school every day.　私は毎日学校へ行きます。

go to ...「～へ行く」のto は「学校」という方向・場所・目的地を表します。Turn to the right. で「右折して」となるように、動詞とセットで使うことで、動作の進む方向を示します。goやtravel、walkといった「移動に関係する動詞」と使うことが多いです。

②「時間」のto

It's five minutes to twelve.　12時まであと5分だ。

11時55分ということです。to twelve は、目的であり進む方向である「12時」を指しています。from A to B で「AからBまで」、from Monday to Friday は「月曜から金曜まで」、from morning to night なら「朝から夜まで」。fromがスタート地点を、toが「～まで」と進んだ先の目的地を表すのがよくわかります。

③「目的」のto

I go to work every day.　私は毎日仕事に行く。

toのあとに続く名詞が目的そのものを表すことも。go to work「働きに行く」→「仕事に行く」、go to school「学校に行く」→「通学する」、go to bed「ベッドに行く」→「寝る」など、toの目指すものがそのまま目的となります。

④「対象」を表すto

Can I speak to the doctor, please?
医者と話すことはできますか?

speak to ... が「～と話す」となるように、toが動作の対象を表します。

talk to ...「～と話す」、write to ...「～に手紙を書く」、listen to ...「～を聞く」など、toのあとには「～に」「～と」「～を」にあたる言葉が入ります。

方向を表す to のイメージは？

He traveled to Paris.

彼はパリへと旅した。

A to のコアイメージは、出発地点から目的地までま〜っすぐ伸びた矢印！ 「〜へ、〜に、〜のほうへ」など、矢印が進む方向のイメージが to です。travel to ... で「〜へ旅行する」。to のあとに続く Paris「パリ」が目的地ですから、パリに向かった矢印 (= to) だと思うと、わかりやすいですよね？

Turn to page 101 in your textbook.
教科書の 101 ページを開いてください。

＊ turn to page ... 「〜ページを開く」

The sign points to the exit.
サインは出口を示しています。

＊ point to ... 「〜を指し示す」

Let's go to Hawaii!
ハワイに行こう！

＊ go to ... 「〜へ行く」

到着地や合計も表せる？

We drove to the airport.

私たちは空港まで車で行った。

A toは方向だけでなく、最終的な到着地も表すため、使い方によっては「〜まで」という意味にもなります。drive to the airportなら「空港まで車で運転していく」、from A to Bなら「AからBまで」。場所だけでなく、価格などの合計にも使えます。

We flew from Haneda to Houston.
私たちは羽田からヒューストンへ飛んだ。

＊ from A to B　「AからBへ」

That bus is headed to the museum.
あのバスは美術館に向かっている。

＊ head to ...　「〜へ行く」

The total came to $20.
合計20ドルになった。

＊ come to ...　「〜になる」

I go to work.

私は仕事に行きます。

A to は「目的地も表す」と説明しましたが、目的地だけでなく「目的そのもの」も表します。たとえば、go to ... は「～するために行く」ですが、go to bed なら「ベッドに行く（＝寝る）」、go to school なら「学校に行く（＝通学する）」など、後ろに続く名詞の目的を表します。

The children sat down to dinner.
子供たちは夕食の席に着いた。

＊ sit down to dinner 「夕飯のために席に着く」

I was invited to the wedding.
結婚式に招待された。

＊ get invited to ... 「～に招待される」

The police rushed to the scene of the accident.
警察は事故現場に急行した。

＊ rush to ... 「～のために急ぐ」

to で「終わりの時」を表す？

The shop is open from 10:00 to 5:00.

その店は10時から5時まで開いている。

A from A to B は「AからBまで」ですが、これは場所だけでなく時間や日付にも使えます！　from 12:00 AM to 3:00 PM なら「12時から午後3時まで」、from Monday to Friday なら「月曜から金曜まで」。この時の to は「〜まで」と「終わりの時」を表します。

The event is from noon to midnight.

そのイベントは正午から夜中までだ。

＊ from noon to midnight 「正午から夜中まで」

The workshop was held from Monday to Friday.

ワークショップは月曜から金曜まで開かれた。

＊ from Monday to Friday 「月曜日から金曜日まで」

I stayed in Taiwan from April 1st to the 7th.

4月1日から7日まで台湾に滞在した。

＊ from April 1st to the 7th 「4月1日から7日まで」

They talked to the manager.

彼らはマネージャーと話しました。

A 動作の対象を表すtoは、セットとなる動詞と深〜い関係にあります。talk to ... なら「〜と話をする」で、toのあとに続くthe manager が動作（talk = 話をする）の対象に。同様に、I listen to music.「私は音楽を聴く」なら、toの後ろのmusic が動作（listen = 聴く）の対象を表します。

I'll write to you soon.
すぐに手紙を書くよ。
* write to ... 「〜に手紙を書く」

Please say hello to Daniel.
ダニエルによろしく言ってください。
* say hello to ... 「〜によろしく言う」

Can you explain this to me?
これについて説明してくれる？
* explain ... to 人 「（人）に〜を説明する」

Q.6 to で感情を表せる？

To my relief,
I passed the exam.

ほっとしたことに、私は試験に合格した。

A To my relief が「私の安心したことに」→「ほっとしたことに」となるように、「to＋感情を表す名詞」で「～したことには」とストレートな気持ちを表現できます。ポジティブな気持ちやがっかりした気持ちなどを伝える時は、ぜひこんなフレーズを！

To my surprise, I got promoted.
驚いたことに、私は昇進した。

＊ to one's surprise　「驚いたことに」

To our disappointment, the concert was canceled.
残念なことに、コンサートは中止となった。

＊ to one's disappointment　「がっかりしたことに」

To our joy, we got chosen to represent the school.
うれしいことに、私たちは学校の代表に選ばれた。

＊ to one's joy　「うれしいことに」

toで表す「つながり」とは？

This bag belongs to me.

このバッグは私のものだ。

A toで所属や関係などの「つながり」を表します。上の例文で belong to ...「〜の所有物である」がtoのうしろにあるmeの持ち物 であるように、toの後につながりのあるものを置くことで関連性を 表現。I have an answer to the question.「私はその質問への答えを 持っている」なら、answer と question をつなげる橋の役割をto が 果たしています。

This watch is superior to mine.
この時計は私のものより優れている。
* superior to ... 「〜より優れている」

I sang my favorite song to myself.
私は大好きな歌を口ずさんだ。
* sing a song to oneself 「歌を口ずさむ」

This is the key to success.
これが成功への鍵だ。
* key to success 「成功への鍵」

He's walking to the bakery.

彼はパン屋へ歩いています。

A walk to the bakery は「パン屋を目指して歩く」という意味なので、目的地はパン屋です。一方、これを … toward the bakery にすると、「パン屋のほうへ向かって歩いている」となり、目的地は曖昧です。to は目的地・到着地が明確なのに対し、toward は「〜のほうへ」と単に方向を示すのみになります。

I swam to the island.
その島まで泳いだ。
＊ swim to … 「〜まで泳ぐ」

We hiked to the summit.
私たちは頂上まで歩いた。
＊ hike to … 「〜までハイキングする」

She's walking toward the castle.
彼女は城に向かって歩いている。
＊ walk toward … 「〜に向かって歩く」

They were good to me.

彼らは私に良くしてくれた。

A 日本人はto と forの使い分けが苦手です。good to ... は「〜に優しくする」。優しくする対象が、to のあと（ここでは me = 私）に続きます。しかしこれが for だと、「彼らは私のために優しかった」となり、意味が変わってしまいます。「〜に（は）」と対象との関係を表すなら to、「〜のために」と影響を表すなら for と覚えましょう。

Be kind to your friends.

友達に親切にしなさい。

* kind to ... 「〜に親切である」

That sounds great to me!

それは素晴らしい！

*直訳：それは私にとって素晴らしく聞こえる。

I'm open to the idea of canceling the conference.

その大会を中止する考えも受け入れます。

* open to ... 「〜にオープンである」「〜を受け入れる」

Q.10 副詞のtoって？

It took an hour for the patient to come to after the operation.

術後、患者が意識を取り戻すまで1時間かかった。

A to は副詞としても使います。ただしさほど意味は多くなく、come to「正気に戻る」だけ覚えておけばOK！（でもこの意味なんて、副詞のto の存在を知らないと思い浮かばないですよね？）

The boxer got knocked out, but he came to in a few seconds.

ボクサーはノックアウトされたが、数秒で意識を取り戻した。

* get knocked out 「ノックアウトされる」

The bird knocked itself out when it hit the window, but it came to right away.

鳥は窓にぶつかり気絶したが、すぐに意識を取り戻した。

* come to right away 「すぐに意識を取り戻す」

He suddenly came to and started talking.

彼は突然我に返り、話し始めた。

* come to 「正気に戻る、我に返る」

【4】

for

コアイメージ "ハート"をどうぞ！

forは、「〜のために」と訳されるように、両手を相手に向けて「どうぞ！」差し出すようなイメージ。方向を示しますがtoほど直線的でなく、相手を思いやる雰囲気があるのがfor。そのため「賛成して」「記念して」「求めて」といったニュアンスもあります。

① 「目的・対象」の for

This is a present for you.　これはあなたへのプレゼントです。
プレゼントを両手で差し出すイメージこそ、for が持つ「〜のための」をもっともよく表しています。song for you で「あなたのための歌」となるように、この for は方向だけでなく「〜のための」と相手への思いやりも感じられます。

② 「行き先」の for

This flight is for New York.
このフライトはニューヨーク行きだ。
for のあとに地名が続くと、行き先・方向を表します。
This train is bound for Tokyo. なら「この電車は東京行きです」。

③ 「時間・距離」の for

I slept for 10 hours.　私は10時間眠った。
for のあとに時間を続ければ「〜時間」と時間の幅を表せます。
for ... seconds/minutes/hours で「〜秒間／分間／時間」、for hours なら「何時間も」。for miles なら「何マイル」も、for kilometers なら「何キロも」と距離も表せます。

④ 「要求」の for

She asked for a glass of water.　彼女は一杯の水をお願いした。
for には何かを求めるニュアンスがあるため、ask for ... で「〜を頼む」「〜を求める」。look for ... は「〜を求めて見る」→「〜を探す」。
She is looking for her lost keys. なら「彼女は失くした鍵を探している」となります。

forは「誰」のため？

She cooks
for her family.

彼女は家族のために料理する。

A for といえば、一番に思い浮かぶのが「〜のために」。for の後ろには、動詞cook「料理する」の対象となる人や物が続きます。この文では「彼女の家族のために料理する」ので、for her family となります。to に比べると、for は「〜のために」という対象への思いをプラスしたイメージになります。

Could you open the door for me?
ドアを開けてもらえませんか？

＊ open ... for me 「私のために〜を開ける」

Let's buy a computer for the new employee.
新入社員のためにパソコンを買います。

＊ buy A for B 「A を B のために買う」

Here's a present for you.
これはあなたへのプレゼントです。

＊プレゼントを人にあげる時の決まり文句。

Q.2 方向を表すforのニュアンスは？

This bus is for New York.

このバスはニューヨーク行きです。

A forの後ろに地名を置けば、「〜に向かって、〜方面行きの」と進行方向を表せます。This train is bound for Kyoto.「この電車は京都行きです」なんて、電車のアナウンスでよく聞きますよね？bound for ...「〜行き」は乗り物の目的地案内でよく使いますから、ぜひ覚えておきましょう。

I caught a train for Barcelona.
私はバルセロナ行きの列車に乗った。

＊ train for Barcelona　「バルセロナ行きの列車」

They will be leaving for Laos soon.
彼らはもうすぐラオスに出発する。

＊ leave for ...　「〜に向けて出発する」

This ship will depart for Europe on Friday.
この船は金曜日、ヨーロッパに向けて出航する。

＊ depart for ...　「〜に向けて出発する」

forで目的も表せる？

I'm here
for sightseeing.

観光でここにいます。

A 海外旅行の際、入国の目的を聞かれてよく for sightseeing「観光のために」と答えますよね？　このforこそ、「〜のために」と目的を表すforです。ビジネス目的なら for business「仕事のため」となります。

Let's go for a drive.
ドライブに行こう。

＊直訳は「ドライブのために出かけましょう」ですが、転じて「ドライブに行こう」となります。

This room is used for job interviews.
この部屋は就職面接に使われる。

＊ for job interviews 「就職面接のため」

Those apartments are for sale.
あれらのアパートは売りに出されている。

＊ for sale 「売るために」

Q.4 forで「ふさわしい」?

This book is for children.

この本は子供向けです。

A forには「ふさわしい、適した」というニュアンスもあります。例文では、isのすぐ後ろにforがありますね？　for childrenだけで「子供にふさわしい、子供向けの」という意味になります。シンプルでとても便利な表現ですので、ぜひ使ってみましょう！

Living in the city is not for me.
都会での生活は私には向いていない。

＊ not for me 「私に適していない」

I joined a course for beginners.
初心者向けのコースに参加した。

＊ course for beginners 「初心者向けのコース」

I think she's ideal for the manager position.
彼女はマネージャーに理想的な人物だと思う。

＊ ideal for ... 「～に理想的な」

He walked for hours.

彼は何時間も歩いた。

A for hoursで「何時間も」、時間に対してforを使うと「～の間」と「ある程度の長さの時間」を表します。for hours/days/yearsは「何時間／日／年もの間」、for ... seconds/minutes/hoursは「～秒間／分間／時間」、for some timeは「しばらくの間」、for a long timeなら「長い間」です。

He ran for almost two hours.

彼は2時間近く走り続けた。

＊ run for almost ... hours 「約～時間走る」

I've lived here for two years.

私はここに2年間住んでいる。

＊ live here for ... 「～の間ここに住む」

She plays games for three hours every day.

彼女は毎日3時間ゲームをする。

＊ play games for hours 「～時間ゲームをする」

forを距離に使うと？

He walked for miles.

彼は何マイルも歩いた。

A for milesで「何マイルも」、距離や範囲に対してforを使うと「〜にわたって」という意味になります。for blocks「何ブロックも」、for steps「何歩も」、for laps「何周も」など移動距離を強調し、for miles and miles「果てしなく長い距離」のように比喩的に「非常に長い距離」を表すことも可能です。

The road stretches for kilometers.

その道路は何キロも続いている。

* for kilometers 「何キロも」

He ran for five miles.

彼は5マイル走った。

* for ... miles 「〜マイル（の間）」

The river flows for many miles.

その川は何マイルも流れている。

* for many miles 「何マイルも」

The game is scheduled for 10 AM.

試合は10時に予定されている。

 for には未来のニュアンスもあります。そのため be scheduled for ... なら「～に予定されている」。時間には at を使って at 10 AM 「10時に」などとするのが定番ですが、このように未来の予定を伝える時は for！　plan for ...「～の計画をたてる」や arrange for ...「～の準備をする」は、セットで覚えちゃいましょう。

We need to plan a conference for next year.
来年の会議を計画する必要がある。

＊ plan a conference for ...　「～の会議を計画する」

We arranged dinner for 6:00 on May 7.
5月7日の6時に夕食を手配した。

＊ arrange dinner for ...　「夕食を～に手配する」

He has a reservation for tonight.
彼は今夜予約をしている。

＊ have a reservation for ...　「～に予約がある」

This shirt is too big for me.

このシャツは私には大きすぎる。

A too big for meで「私にとっては大きすぎる」。このように形容詞のあとにforを置くと「〜にとって〜だ」と、ちょっとした感想を伝えるのに便利なフレーズになります。It's special for me. なら「それは私にとっては特別だ」。

There's enough food for everyone.
食料は全員に十分ある。

＊ for everyone 「みんなにとって」

It's hard for Jake to concentrate.
ジェイクは集中するのが難しい。

＊ hard for ... 「〜にとって難しい」

These chairs aren't cheap for us.
これらのイスは、私たちにとって安くはない。

＊ cheap for ... 「〜にとって安い」

forで「求める」?

I asked for an answer.

私は答えを求めた。

A ask for ... で「～を要求する」なので、例文は「私は答えを求めて頼んだ」→「私は答えを求めた」となります。look for ... なら「～を求めて見る」→「～を探す」、go for ... なら「～を求めて行く」→「～を目指す」など、「動詞 + for」のセットで使うことが多いです。

What do you do for a living?

お仕事は何をなさっているのですか?

＊ do for a living 「生活のためにする (仕事をする)」

He looked everywhere for his key.

彼は鍵をあちこち探し回った。

＊ look everywhere for a key 「鍵を求めてあちこち見る (鍵を探し回る)」

I came to you for advice.

アドバイスをもらいに来たんだ。

＊ come for advice 「アドバイスのために来る」

Q.10 **forとaboutの違いは？**

I'm happy for your success.

あなたの成功をうれしく思います。

A I'm happy for ... で「〜して幸せだ」。luckyやhappyなどの形容詞を使って「感情」を表せます！ forの代わりにaboutを使うのは、何か特定の状況や事例について話す場合。I'm happy about our team's victory.「私たちのチームの勝利に喜んでいます」など、何か特定の出来事に対してはabout、気持ちに焦点を当てる時はforを使います。

I'm happy for your promotion.

あなたの昇進を喜んでいます。

＊ be happy for ... 「〜をうれしく思う」

I'm sorry for your loss.

お悔やみ申し上げます。

＊ sorry for your loss 「お悔やみ申し上げます」

I'm excited for this new opportunity.

新しいチャンスに興奮しています。

＊ be excited for ... 「〜にわくわくしている」

【5】

from

 スタート地点から！

fromは「スタート地点」。物事や動作の始まりを表し、**from A to B**ならAがスタート地点で「Aから」、Bが目的地で「Bまで」。そこから人の出身や範囲、原因、原材料なども表せます。

①「スタート地点」のfrom

I work from home.　私は家で働いています。

在宅勤務は、work from home。なぜatでなくfromかというと「家からworkの動作がスタートするから」。atでも英語として自然ですが、I work at home. だと単に「家で"今"働いている」。在宅勤務のように朝から晩まで家で働いている場合は、work from homeです。

②「出発地点」のfrom

I'm from London.　私はロンドンの出身です。

fromのあとに地名を続けると、出身地または「どこから来たか」を表せます。I'm from London. は「私はロンドンから来た」にも。どちらの意味かは前後関係で判断しましょう。場所だけでなく、This letter is from my friend.「この手紙は友達からのものです」と言えば、物の出所を表せます。

③「時間の始まり」のfrom

The party will start from 7:00.　パーティーは7時から始まる。

fromのあとに時間を続ければ、何かが始まる時間を表せます。We're open from 7:00 AM to 6:00 PMなら「午前7時から午後6時まで開いています」。

④「原因」を表すfrom

She suffers from severe allergies.
彼女は重いアレルギーに悩まされている。

fromは原因も表します。suffer from ... は「〜が原因で苦しむ」→「〜から苦しむ」なので、suffers from severe allergiesは「重いアレルギーで苦しんでいる」。be tired from ...「〜で疲れる」、result from ...「〜に起因する」なども原因のfromです。

Q.1 fromはスタート地点を表す？

This is the flight from Seoul.

これはソウルからのフライトです。

A fromといえば「～から」、物事や動作のスタート地点（起点）を表します。例文はfrom Seoul「ソウルから」なので、ソウルが出発地点だとわかります。他にも、I work from home. なら「家から働く」、つまり「在宅勤務する」→「テレワークする」。またdepart from ...「～から出発する」など、動詞とセットで使えばその動作の起点がわかります。

The letter is from John.
その手紙はジョンからです。

＊ジョンから出された（起点となった）手紙だとわかります。

I work from home.
私は在宅勤務しています。

＊テレワークを英語で言うとこれ！

The train departs from platform 9.
その電車は9番ホームから出発します。

＊ depart from ... 「～から出発する」

We drove from Paris to Berlin.

私たちはパリからベルリンまで運転した。

A from を使ったフレーズといえば、from A to B「AからBまで」がお馴染み！　from Tokyo to Osaka「東京から大阪まで」のように場所から場所だけでなく、from morning to night「朝から夜まで」、from basic to advanced「基本から応用まで」など、さまざまなものの範囲を表すことができます。

The exhibition lasts from June to August.

展覧会は6月から8月まで続きます。

＊ last from A to B　「AからBまで続く」

The sale goes from today to Friday.

セールは今日から金曜日まで続きます。

＊ go from A to B　「AからBまで続く」

The course covers topics from basic to advanced.

このコースは基本から応用までのトピックをカバーしている。

＊物事の範囲を表すのにも使えます。

Alfred is from Scotland.

アルフレッドはスコットランド出身です。

A from が「スタート地点を表す」ということは、つまり人に対して使えばその人の「出身地」も表すことができます。I'm from Japan.「私は日本出身です」など from の後には地名や国名だけでなく、He is from a family of artists.「彼は芸術家の家庭出身です」なんて表現も可能です。

They come from a wealthy family.
彼らは裕福な家庭の出身です。

* come from ...　「～出身だ」

I'm from a suburb of London.
私はロンドン近郊の出身です。

* be from a suburb　「郊外出身だ」

We're all from diverse backgrounds.
私達は皆多様な背景を持っています。

* 最近よく聞く言葉です。be from diverse backgrounds で「多様な背景の出身だ」。

fromで出所も表せる？

The information is from a website.

その情報はウェブサイトからのものです。

A fromのスタートのイメージから「出所」を表すこともできます。最近はニセ情報も多いため、きちんとした情報源が求められますが、まさにそういう時に使うのがこれ！　例文のfromの部分を少しアレンジして The information is from a reliable source. とすれば「この情報は信頼できる情報源からのものです」となります。

The recipe is from my grandmother's cookbook.
レシピは祖母の料理本からです。

＊ from one's cookbook　「〜の料理本から」

This advice comes from an expert.
このアドバイスは専門家からです。

＊ come from ...　「〜からくる」

This article is from a local newspaper.
この記事は地方新聞からです。

＊ from a local newspaper　「地方新聞から」

My co-worker lives far from here.

私の同僚はここから遠くに住んでいる。

A from は距離感も表現できます。far from ... で「〜から遠くに」なので、far from here なら「ここから遠くに」。スタート地点である「ここ」から、far「遠く」の場所を表します。She is far from perfect. なら「彼女は完ぺきからは程遠い」、物理的な距離だけでなくイメージ的な遠さも OK です。

The resort is five minutes away from the beaches.
そのリゾートはビーチから5分の距離にある。

* be away from ...　「〜から離れている」

The Sun is far from the Earth.
太陽は地球から遠く離れている。

* be far from ...　「〜から遠い」

The war is far from over.
戦争はまだ終わっていない。

* be far from over　「終わりから遠い」

分離を表すfromとは？

I removed stains from the shirt.

私はシャツの汚れを取り除いた。

A 「～から（離して、取って）」のように、セットとなる動詞により、fromで分離を表すことができます。remove A from Bは「AをBから取り除く」、separate A from B「AとBを分ける」、take A from B「AをBから取る」など、fromの前にある動詞により訳は異なりますが、いずれも「離す」イメージを持っておくとわかりやすいです。

Please separate facts from opinions.

事実と意見を分けてください。

＊separate A from B 「AとBを分ける」

He took money from the cash register.

彼はレジからお金を取った（盗んだ）。

＊take A from B 「AをBから取る」

Scientists extracted DNA from the blood sample.

科学者は血液サンプルからDNAを抽出した。

＊extract A from B 「BからAを抽出する」

I'm tired from jogging.

ジョギングで疲れている。

A be tired from jogging が「ジョギングが原因で疲れる」→「ジョギングで疲れている」となるように、from で原因を表現できます。suffer from ...「〜が原因で苦しむ」や result from ...「〜に起因する」など、動詞とセットで覚えておきましょう。

Some of the students suffer from allergies.

アレルギーに苦しむ生徒もいる。

* suffer from ... 「〜が原因で苦しむ」

The argument resulted from a misunderstanding.

その口論は誤解から生じた。

* result from ... 「〜に起因する」

I got sick from eating spoiled food.

腐った食物を食べて病気になった。

* get sick from ... 「〜が原因で病気になる」

I can tell a real smile from a fake one.

私は本物と偽物の笑顔を見分けることができる。

A from は抽象的な距離感も表せるので、「A と B を区別する」という時にもよく使われます。tell A from B で「A と B を区別する」。この場合の from は「〜と」と訳されることも多いです。例文の直訳は「私は偽物の笑顔から本物の笑顔を見分けられる」ですが、転じて「私は本物と偽物の笑顔を見分けることができる」。

This is different from what I expected.

これは私が期待していたものとは違う。

* different from ... 「〜と異なる」

I know a good beer from a bad one.

私は良いビールと悪いビールの区別がつきます。

* know A from B 「A と B の区別がつく」

The flavors are distinct from each other.

味はそれぞれはっきりしている。

* distinct from .... 「〜と異なる」

Wine is made from grapes.

ワインはブドウから作られている。

A be made from ... で「～からできている」、物に対してfromを使えばその物の原材料を表すこともできます。ワインとその原材料のブドウは、見た目はまったく違いますよね？ そのように、「加工してパッと見では原材料がわからない時」にbe made from ...を使います。

The necklace is made from silver.

そのネックレスは銀でできている。

* be made from silver 「シルバーから作られている」

The salad was made from fresh ingredients.

サラダは新鮮な材料で作られていた。

* be made from fresh ingredients 「新鮮な材料から作られている」

This table is made from clay.

このテーブルは粘土でできている。

* be made from clay 「粘土から作られている」

Paper is made from wood.

紙は木から作られている。

A 実はbe made of ... も「〜（材料）でできている」という意味のフレーズですが、ofは「材料をそのまま利用している時」に使います。例題は、紙が木からできているのはパッと見ではわからないのでfromです。しかし、The chair is made of wood.「そのイスは木でできている」の場合、木材だとパッと見でわかるのでofです。fromかofかは、加工の有無で判断しましょう。

These shelves are made from recycled plastic.

この棚はリサイクルプラスチックでできている。

* be made from recycled plastic 「リサイクルプラスチックから作られている」

They sell toys made from natural materials.

自然素材のおもちゃを売っています。

* (be) made from natural materials 「自然素材から作られている」

The candle is made from soy wax.

このキャンドルは大豆ワックスでできている。

* be made from soy wax 「大豆ワックスから作られている」

of

コアイメージ 所属している

よく「〜の」と訳されるように、何かに所属していることを表します。そこから派生して、何かの一部分であったり、所有や関連、内容、起源、含まれるものを示す時に使います。

①「所有」のof

He's a friend of mine.　彼は私の友達だ。

of といえば、1番に挙げられるのが「〜の」「〜に属する」を意味する所有の of です。friend of ...「〜の友達」、color of ...「〜の色」など、物や人などさまざまつながりを表せます。

②「一部分」の of

He is one of my best friends.　彼は私の親友の一人だ。

one of ... で「〜のうちの一つ（一人）」、some of ... で「〜のうちのいくつか」、half of ... で「〜のうちの半分」など、全体の一部分であることを表せます。

③「量」の of

He read a chapter of the book.

彼はその本の1つの章を読んだ。

a piece of ...「〜のうちの1切れ」、a member of ...「〜のメンバーの一人」、a part of ...「〜のうちの一部」、a bottle of ...「〜のうちの1本」など、さまざまな量や数を表せます。

④「同格」の of

Let me show you the city of Yokohama.

横浜という市をご紹介させてください。

of はイコール（同格）の働きをすることも。この文の場合、city of Yokohama は「横浜という市」となり city = Yokohama です。このようにイコールと同じ働きをする of を「同格の of」と言います。

⑤「性質」を表す of

It's very kind of you to help me.　助けていただきご親切に。

お礼などでよく使うフレーズ。It's very kind of you to ... で「〜してくれるとは、あなたはとても親切だ」。kind of you で相手の性質を表します。

ofといえば所有？

She's a friend of mine.

彼女は私の友達だ。

A ofといえば「〜の」と訳すように、何かの所有を表すのがコアイメージ。A of Bで「Bの所有しているA」という意味になり、friend of mineなら「私の友達」、car of yoursなら「あなたの車」。この場合、ofの後ろには名詞や名前's（Tim's）、mine「私のもの」などの所有格が入ります。

The cat is under the leg of the table.
猫がテーブルの脚の下にいる。

＊ leg of the table 「テーブルの脚」

The leaves of the tree turned red.
木の葉が赤くなった。

＊ leaves of the tree 「木の葉」

He's cleaning the wheels of the car.
彼は車の車輪を掃除している。

＊ wheels of the car 「車の車輪」

He's the head of the marketing department.

彼はマーケティング部の部長だ。

A ofで所属を表すこともできます。ビジネスで役職や所属先を伝える際によく使う表現で、He's A of Bなら「彼はBに所属するAです」。学生なら、The students of this university are smart.「この大学の学生は頭がいい」など「どこの誰か」を伝える時に使います。

The CEO of MicroTech resigned.
マイクロテックのCEOが辞任した。

＊ CEO of ...　「〜のCEO」

The captain of the team scored a goal.
チームのキャプテンがゴールを決めた。

＊ captain of the team　「チームのキャプテン」

This group of NASA experts analyze data.
NASAの専門家グループがデータを分析する。

＊ group of experts　「専門家のチーム」

I ate some of the cookies.

私はクッキーを少し食べた。

A some of ... は「〜の中のいくつか」で、「全体の一部であること」を表します。many of ...「〜の中の多く」やone of ...「〜の中の1つ」、half of ...「〜の半分」など、さまざまなものの一部を表すときによく使います。

We hired one of the candidates.

私たちは候補者の一人を採用した。

* one of the candidates 「候補者の1人」

A third of the class like skiing.

クラスの3分の1はスキーが好きだ。

* a third of the class 「クラスの3分の1」

Many of the ideas were innovative.

斬新なアイデアが多かった。

* many of the ideas 「アイディアの中の多く」

性質を示すofって何？

The beauty of nature is breathtaking.

自然の美しさは息をのむほどだ。

A ofはモノや人の性質や特徴を表すことができます。「〜の性質（特徴を持った）」という意味を持ち、beauty of natureで「美しい特徴を持った自然」→「自然の美しさ」、sense of humorなら「ユーモアの性質をした感覚」→「ユーモア感覚」です。

The warmth of the sun is comforting.

太陽の暖かさは心地よい。

＊ warmth of the sun 「太陽の暖かさ」

She is a person of passion.

彼女は情熱の人だ。

＊ person of passion 「情熱を持った人」

Money is of no importance to me.

お金は私にとって重要ではない。

＊ be of no importance 「重要でない」、be of importanceなら「重要だ」

The vase is made of glass.

花瓶はガラス製だ。

A be made of glassで「ガラスから作られた」。この場合のofは「〜から、〜で」の意味で使います。パッと見て、明らかにガラスから作られているとわかる「原材料そのままの場合」はofを、「原材料から加工されている場合」はfromを使います。

These dresses are made of cotton.

これらのドレスは綿でできている。

＊ be made of cotton 「綿で作られている」

All the doors are made of oak.

ドアはすべてオーク材で作られている。

＊ be made of oak 「オーク材で作られている」

Those hats are made of straw.

あれらの帽子は麦わらでできている。

＊ be made of straw 「麦わらで作られている」

Q.6 ofで量を表すには？

I want a bottle of water.

水が1本欲しい。

A a bottle of water で「ボトル1本の水」。この場合のof は「〜の量の」という意味になります。a piece of ...「一切れの〜」、a bag of ...「一袋の〜」、a cup of ...「1カップの〜」など、さまざまな物の量に対して使えます！

I just finished a bag of chips.
ポテトチップスを1袋食べ終わったところです。
* a bag of chips 「ポテトチップス1袋」

Sam usually has two cups of coffee in the morning.
サムはいつも朝コーヒーを2杯飲む。
* two cups of coffee 「コーヒー2杯」

Do you want a piece of chocolate?
チョコレートを、ひとかけいる？
* a piece of chocolate 「1ピースのチョコレート」

Workers cleaned the bridge of dirt.

作業員が橋の泥を落とした。

A of は分離も表し、この例文の of は「～を取り除いて」という意味に。clean the bridge of dirt の直訳は「泥を取り除いて橋を掃除する」ですが、転じて「橋の泥を落とす」。ほかに north of the city「街の北（側）」など、南北の分離を表すこともできます。

Free your mind of stress!

ストレスから心を解放してください！

＊ free ... of stress 「～をストレスから解放する」

The plant was deprived of sunlight.

植物は日光を奪われた。

＊ deprive of ... 「～から奪う」

These webinars are offered free of charge.

このウェビナーは無料で提供されている。

＊ free of charge 「無料で」

Q.8 形容詞＋ofの使い方は？

I'm sick of working overtime.

残業はうんざりだ。

A sick of ...「～にうんざりする」のように、形容詞とofをセットで使い、人や物の状態を表すことができます。tired of ...「～に疲れている」、sure of ...「～を確信している」など、さまざまな組み合わせが可能。ofのあとに動詞が続く場合は、動詞をing形にするのを忘れずに！

I'm ashamed of my mistake.
自分の過ちを恥じています。
* ashamed of ...　「～を恥じる」

Chris is jealous of his friend's talent.
クリスは友人の才能に嫉妬している。
* jealous of ...　「～に嫉妬している」

Not many students are fond of reading.
読書が好きな学生はあまり多くはない。
* fond of reading　「読書が好き」

How nice of you to say that!

よくぞ言ってくれました！

🅐 of は、人の行為や性質を主観的に判断する時にも使います。例文の直訳は「あなたがそれを言うとは、なんてステキなんでしょう」ですが、転じて「よくぞ言ってくれました！」というほめ言葉に。It's nice of you to say that.「(形) of (人) to do」は「～するとは(人)は(形)ですね」という意味です。

It's very kind of you to do that.
そんなことしてくれるなんて親切ですね。

＊ kind of you 「あなたは親切だ」

It was rude of them to stop the meeting.
会議を中断させるとは、彼らは失礼だった。

＊ rude of them 「彼らは失礼だ」

The wonderful gift was thoughtful of you.
その素晴らしいプレゼントは気が利いているね。

＊ thoughtful of you 「あなたは思慮深い」

Q.10 ofとセットで使う動詞といえば？

Please remind me of the meeting.

会議のことを思い出させてください。

A ofとセットで使うことが多い動詞を覚えておきましょう。例文はremind＋人＋of ...で「人に～を思い出させる」、似た使い方のフレーズとしてconvince＋人＋of ...「人に～を説得する」、inform＋人＋of ...「人に～を知らせる」、accuse＋人＋of ...「人に～を非難する」などはTOEICテストにもよく出ます！

She will inform everyone of the delay.

彼女は皆に遅れを知らせるだろう。

＊inform 人 of ...　「人に～を知らせる」

He was accused of stealing jewelry.

彼は宝石を盗んだことで告発された。

＊be accused of ...　「～で告発される」

I was not convinced of the need to make a change.

私は変化を起こす必要性を納得していなかった。

＊convince 人 of ...　「人に～を説得する」

【7】

on

コア イメージ ピッタリくっついて！

誤解している人が多いのですが、onはただ「乗っている」のではなく「ピッタリくっついている」必要があります。上に乗るだけでなく、くっついていれば横でもOK！ だから壁に貼られた絵もon、洋服を着ているのもonです。

①「上にピッタリくっついた」on

There's a picture on the wall.　写真が壁に貼ってある。

onはピッタリくっついている状態。dish on the table「テーブルの上の皿」、picture on the wall「壁の写真」や、lights on the ceiling「天井のライト」などもすべてonでOK。「天井のライトは、ぶら下がってるんじゃないの？」と思うかも？　天井にピッタリくっついているライトならonなんです！

②「日時」のon

I play tennis on Sundays.　私は日曜日にはテニスをやる。

on Sundays「日曜日には」と、その日に限定する時はon。「曜日にはonをつける」と習ったでしょうが、それは「〜曜日に」と限定するから。I have an appointment on March 9.「私は3月9日約束がある」も、限定するからonになります。

③「身につける」のon

Can I try on these clothes?　試着できますか？

onのくっつくイメージから、put on ... で「〜を着る」、try on ... で「〜を試着する」。put on gloves は「手袋をする」、put on a belt は「ベルトをつける」、put on lotion なら「ローションをつける」。onの「身につける」イメージを膨らませればOKですね！

④「方法や手段」のon

I spoke with him on the phone.　私は彼と電話で話をした。

on the phone で「電話で」、電波に乗って（経由で）会話している姿が想像できますよね？　on the Internet「インターネットで」なども同様に、方法や手段を表します。

くっついているのがon?

My phone is on the table.

携帯はテーブルの上にある。

A onは何かの表面にくっついている「〜の上に」のイメージ。その平面が壁でも、天井でもOK。A picture is on the wall.「写真が壁に貼ってある」やThe lights are on the ceiling.「天井に照明がある」など、横でも天井でも、onは何かにくっついている状態を表します。

Write your name and address on the envelope.
封筒に名前と住所を書いてください。

＊ on the envelope 「封筒に」

She's sitting on a chair by the door.
彼女はドアの横のイスに座っている。

＊ sit on ... 「〜に座る」

There is a clock hanging on the wall.
壁に時計がかかっている。

＊ hang on the wall 「壁にかかっている」

Q.2 平面じゃなくても on は使える？

The dressing is on the salad.

ドレッシングがサラダにかかっている。

A on は「くっついている」ことを表しますが、くっつくのは何も平面だけでなく、立体的な物でも OK！「接触」が on のコアイメージですから、サラダの上にドレッシングがかかっているなら on the salad「サラダの上」、木の上に猫が乗っているなら on the tree「木の上」です。

Can you see that butterfly resting on the flower?

蝶が花の上で休んでいるのは見える？

＊ rest on the flower 「花の上で休む」

Let's put more cheese on the spaghetti.

スパゲッティにもっとチーズをかけよう。

＊ put A on B 「B に A を置く」

The ship has been sailing on the sea for 50 years.

その船は 50 年間、海を航海している。

＊ sail on the sea 「海を航海する」

She put on a red dress.

彼女は赤いドレスを着た。

A on には「〜を身につけて」という意味もあります。put on ... で「〜を身につける」ですが、この on は「洋服を着る」だけでなく、ジュエリーや靴、手袋、帽子、ネクタイなど、さまざまなものを「身につける」イメージに。try on ... なら「試着する」です。

Put on your gloves.

手袋をしなさい。

＊ put on gloves 「手袋を着用する」

Please wear your name tag on your jacket.

上着に名札をつけてください。

＊ on one's jacket 「上着に」

She tried on several dresses.

彼女はドレスを何着か試着した。

＊ try on ... 「〜を試着する」

Q.4 onで日時を表すと？

I watch movies on Sundays.

私は日曜日には映画を観る。

A 「曜日や日付の前にはon」って、中学英語でさんざん言われましたよね？ 「『～の日に』と、その日に限定している（＝くっついている）からonを使う」と覚えておくといいでしょう。ちなみに、on Sundayなら「日曜日に」ですが、on Sundaysなら「毎日曜日に」という意味になりますよ！

The concert is on the 15th.

コンサートは15日です。

＊ on the 15th 「15日」

We're going to meet on Friday for lunch.

金曜日にランチをご一緒しましょう。

＊ on Friday 「金曜日に」

I have an appointment on May 8.

私は5月8日に約束がある。

＊ on May 8 「5月8日に」

We had a chat on the phone.

私達は電話でおしゃべりした。

A 方法や手段を表す時にも、onが使えます。on the phoneは「電話で」、on the Internetなら「インターネットで」。うっかりbyを使ってしまいそうですが、電話やネット回線にくっついて使っている図をイメージしましょう。今時のアプリ系はほぼonを使い、「LINEで」なら on LINE です。

I usually order food on the Internet.

私はいつもインターネットで食べ物を注文します。

＊ on the Internet 「インターネットで」

He watches documentaries on TV all day.

彼は1日中テレビでドキュメンタリーを観る。

＊ on TV 「テレビで」

He worked on the computer.

彼はパソコンで仕事をした。

＊ on the computer 「パソコンで」

Q.6 所属のonとinの違いは？

I'm on the team.

私はチームの一員だ。

A onには「～の一員で」という意味もあり、所属を表します。in も所属を表しますが、inがただチームに「所属しているだけ」なの に対し、onはメンバーの「一員として活動しているニュアンス」が ある点で異なります。

She's on the marketing committee.
彼女はマーケティング委員会のメンバーです。

＊ on the committee 「委員会の一員」

Mark's on the student council.
マークは生徒会役員だ。

＊ on the student council 「生徒会の一員」

We're on the tech support team.
私たちは技術サポートチームです。

＊ on the tech support team 「技術サポートチームの一員」

She goes to school on foot.

彼女は徒歩で学校に行く。

A 「〜で」と移動手段を表す時にも、onを使うことがあります。on footもby footも英語として自然で、どちらも「徒歩で」という意味になりますが、by footが「手段」を強調するのに対し、さほど手段を強調しない時はon footが好まれます。

She's on the train to Tokyo.
彼女は東京行きの電車に乗っている。

＊on a train 「電車に乗っている」

We toured the city on foot.
私達は徒歩で街を巡った。

＊on foot 「徒歩で」

It's easy to get around on the metro.
地下鉄で移動するのは簡単だ。

＊on the metro 「地下鉄で」

Q.8 「～について」のonとaboutの違いは？

He is taking a class on coding.

彼はプログラミングのクラスをとっている。

A onには「～について、～に関して」という意味もあり、class on codingなら「プログラミングに関するクラス」。似た意味で使われる前置詞としてaboutもありますが、onを使うと専門的なニュアンスがプラスされるのに対し、aboutはより一般的な言い方に。onの「くっついた」イメージで、密着した関係性を表せます！

I'm taking a course on economics.

私は経済学の講義を受けている。

＊ on economics 　「経済学の」

The university held a special lecture on psychology.

その大学は心理学の特別講義を開催した。

＊ on psychology 　「心理学について」

She gave a presentation on communication.

彼女はコミュニケーションについてプレゼンテーションをした。

＊ on communication 　「コミュニケーションについて」

onは「〜中」にも使える？

The workers are on strike.

労働者らはストライキ中です。

A ラジオやテレビのon air（オンエア）が「放送中」となるように、onで進行中の状態を表すことができます。on strike は「ストライキ中」、on one's way to ... は「〜に行く途中」。「まさにその動作が進行している（動作にピッタリ寄り添った）状態」をイメージするといいでしょう。

The engine is on fire!
エンジンが燃えている！

＊on fire 「燃えている」

Shoes are on sale this week.
今週は靴が特売です。

＊on sale 「特売中」

Some of the clerks are on vacation now.
何人かの事務員は休暇中です。

＊on vacation 「休暇中」

Q.10 副詞や形容詞の on の使い方は？

He left the TV on all night.

彼は一晩中テレビをつけっぱなしにした。

A 副詞や形容詞の on には「（スイッチが）入って、（機能が）働いて、動作中で」といった意味があります。そのため leave the TV on なら「テレビをつけたままにする」、The game is on. なら「ゲーム開始だ／ゲーム進行中だ」。off とは真逆で、スイッチが入って動いている最中を表します。

We decided to carry on despite the bad weather.

悪天候にもかかわらず、私たちは続行することにした。

＊carry on 「続行する」

The show must go on.

ショーは何があっても続けなければいけない。

＊舞台関係者がよく使う決まり文句。

The train moved on despite all the snow.

雪にもかかわらず、列車は進み続けた。

＊move on 「進み続ける」

時間を表す前置詞

時間を表す前置詞の主なものに、at、on、in、before、after、during、by、until/till があります。

「あれ、atやin、onは場所の前置詞だったはず…」と思った方も多いはず。そう、前置詞はモノにより、場所や時間など、さまざまな意味で使えるから便利なんです！

基本的に、時間の前置詞は「何かがいつ起こるか」を表し、それぞれの使い方は、次のようになります。

● **at**：「〜に」「〜時に」
正確な時刻をピンポイントで表す。
The meeting is at 3:00.
会議は3時です。

● **on**：「〜に」「〜日に」「〜曜日に」
日や日付を表す。
His birthday is on Monday.
彼の誕生日は月曜日です。

● **in**：「〜に」「〜年に」「〜月に」「〜後に」
月、年、季節など、「ある程度幅のある期間」を表す。
She will return in July.
彼女は7月に帰国します。

● **before**：「〜の前に」「〜に先立って」

何かが他の出来事の「前」に起こることを表す。

Finish your homework before dinner.

夕食の前に宿題を終わらせなさい。

● **after**：「～の後で」「～してから」

beforeの反対語で、他の出来事の「あと」に起こることを表す。

They're going to play tennis after school.

彼らは放課後テニスをします。

● **during**：「間に」「間中」「通してずっと」

ある期間内に何かが起こることを表す。

It often rains during baseball games.

野球の試合中よく雨が降る。

● **by**：「～までに」

締切などの「期限」を示す。

The report must be completed by Friday.

報告書は金曜日までに完成させなければならない。

● **until/till**：「～まで」

特定の時間まで何かが続くことを表す。

The shop is open until midnight.

その店は夜中まで営業している。

　コアイメージさえつかめば、そのイメージのまま場所や時間に応用できるのが、前置詞のいいところ。この本のイラストと例文で、ぜひ前置詞のコアイメージをつかんでください。

【8】

off

 **離れて**

日本語でもおなじみ。キックオフ、カロリーオフ、オフロードなどいろんな意味で使われていますが、どれにも「離れて」というニュアンスがあります。

①「離れる」off

I got off the bus. 私はバスを降りた。

off には、何かから「離れる」ニュアンスがあるため、get off ... で「〜から降りる」という意味に。バスから降りて離れていく様子がイメージできますよね? 同様に、off the Pacific Ocean なら「太平洋から離れて」→「太平洋沖」、off the subject なら「主題から離れて」→「本題から外れた」となります。

②「取る」の off

You can take off your mask. マスクを外していいですよ。

離れるイメージの応用で、自主的に何かを off すると「取る」「外す」に。brush off ...「〜を払い落とす」、wipe off ...「〜を拭き取る」など、動作と結びつくことが多いです。

③「マイナス」の off

I'll give you 50% off the current price.
50%引きにしましょう。

off the price で「値下げ」「割引」。off には「引く」「マイナスする」という意味も。

④ 副詞・形容詞の off

I'm off. じゃあ、行くね。

実は、off は前置詞よりも副詞や形容詞として使われることの方が多いかも。

I'll be off. はどこかへ離れる(出発する)時の決まり文句。

I'm off today. は「今日は休みだ」。この「休みのオフ」の使い方は、日本語でおなじみです。I think the TV is off. と言えば「テレビは消えていると思う」。人間だけでなく、電気が「消えている」も off で表現できます。

Q.1 **offは物から離れるイメージ?**

I fell off a ladder.

はしごから落ちたんだ。

A off には、何かから離れるイメージがあります。そのため、fall off ... は「〜から落ちる」。日本語が「〜から」なので、つい from を使いたくなりますが、この場合は fall off が正解。「乗り物から降りる」なら get off ... を使います。

Don't take anything off the cabinet.
キャビネットから何も取り出してはいけません。

＊take something off ... 「〜から〜を取り出す」

The car went off the road.
車が道路から外れた。

＊go off ... 「〜から外れる」

All the passengers are getting off the train.
すべての乗客が列車から降りていく。

＊get off ... 「〜から降りる」

Q.2 役割や仕事から離れるoffは？

The meeting will kick off at 10 AM.

会議は午前10時に始まります。

A offは物だけでなく、役割や仕事、責任などから離れる時にも使えます。サッカーでゲームを始める時に「キックオフ」と言いますが、まさにそれがこのイメージ。審判の手からボールが離れる（ボール管理が選手の手に委ねられる）ことで、試合がスタートします。この「離れる」イメージがoffだと覚えておきましょう。

She passed off the responsibility to the team.
彼女は責任をチームに転嫁した。
* pass off ... 「～をなおざりにする」

He handed off his duties to the vice president.
彼は副社長に職務を引き継いだ。
* hand off ... 「～を譲る」

George decided to kick off a new project to reduce costs.
ジョージはコスト削減のために新しいプロジェクトを立ち上げることにした。
* kick off ... 「～をスタートさせる」

I took off my face mask.

マスクをはずした。

A off には「取る、外す」の意味もあり、take off a maskで「マスクを外す」、take off a coatなら「コートを脱ぐ」です。他にもさまざまな動詞とセットで使い、brush off ... は「〜を払い落とす」、wipe off ... は「〜を拭き取る」となります。

She tried to brush off the dirt.
彼女は汚れを落とそうとした。

＊ brush off ...　「〜を落とす」

Wipe off the table before putting on the plates.
皿を置く前にテーブルを拭いて。

＊ wipe off　「〜を拭き取る」

The tag came off the bag.
タグがバッグから外れた。

＊ come off...　「〜から取れる」

Q.4 ディスカウントのoffの使い方は？

We'll take 20% off the total cost.

合計金額から20%引きます。

A 「オフ」という言葉が値引きの時にも使えるのは、英語も日本語も同じ。「〜から引く、割り引いて」という意味で、take 20% off the total costで「合計から20%割り引く」「10%オフ」なんて表現はもうほぼ日本語になっているので覚えやすいはず。この「日本語のオフのイメージ」が、そのまま英語のoffになります！

The clerk gave me 20 dollars off the total.
店員は合計額から20ドル値引きしてくれた。

＊ ... dollars off the total 　「合計額から〜ドル引く」

They discount $20 off the total bill.
合計請求額から20ドル割引します。

＊ discount A off B 　「BからAを割り引く」

You can discount the coupon amount off the purchase.
購入金額からクーポン額を割引できますよ。

＊ coupon amount 　「クーポンの額」

Q.5 offを使ったイディオムといえば？①

I live off
my pension.

私は年金で生活しています。

 off は簡単な動詞とセットで、さまざまな意味になります（これを句動詞といいます）。元の動詞から想像もつかない意味になることも多いので、感覚的に覚えるのがオススメ。例題の live off … は「〜で生計を立てる」「〜に頼って生きる」、「live（生きる）が脱力（オフ）して、何かに頼って生きていくイメージ」を持つといいでしょう。

Let's kick off the project now.
さあ、プロジェクトを始めましょう。
＊ kick off … 「〜を始める」

I'll drop off the package tomorrow.
明日、荷物を届けに行きます。
＊ drop off … 「〜を置いていく」

We had to call off the festival.
祭りは中止せざるを得なかった。
＊ call off 「キャンセルする」

I pulled off a great presentation.

私は素晴らしいプレゼンをやり遂げた。

A pull off ... は「～を成功させる」、pull off a presentation で「プレゼンテーションを成功させる」。困難なことを自分の方へpull（引く）という意味から、運動会の綱引きで綱を頑張って引く＝成功を手繰り寄せる姿をイメージするといいでしょう！

He likes to show off his skills.

彼は自分のスキルを見せびらかすのが好きだ。

＊ show off ... 「～を見せびらかす」

He paid off his debts.

彼は借金を全額返済した。

＊ pay off ... 「～を完済する」

The electrician cut off the power.

電気工事士が電源を切った。

＊ cut off ... 「～を遮断する」

「今日はオフ」を英語にすると？

I'm off today.

今日は休みだ。

A off は前置詞の他に、副詞や形容詞としても使われます。あとに名詞が続かず、「オフの状態」を表す場合は副詞または形容詞の off です（使い方により、副詞か形容詞か定かでないものもあります）。be 動詞 + off で「非番だ、休みだ」となります。

I have to work today, but I'm off tomorrow.

今日は仕事だけど、明日は休みだ。

＊ be off tomorrow 「明日は休みだ」

She took a day off to relax.

彼女はリラックスするために休みを取った。

＊ take a day off 「休みを取る」

I'd like to have tomorrow off.

明日は休みたいです。

＊ have tomorrow off 「明日休む」

Q.8 offで「電源オフ」を表せる？

The computer is off now.

コンピューターは今オフです。

A 人に対してオフを使えば「休み」ですが、電化製品に対してオフを使えば「電源オフ」の状態になります。電化製品、機械、電気などが「切れている、止まっている」時は、offで表現しましょう。これもoffのあとに名詞がなければ副詞または形容詞です。

Make sure that all the lights are off.

電気が全部消えていることを確認してください。

＊lights are off 「電気が消えている」

I think the monitor is off.

モニターがオフになってると思う。

＊monitor is off 「モニターの画面が付いていない」

The power was off all last night.

昨夜はずっと停電していた。

＊the power is off 「停電している（電気が切れている）」

Q.9 **offで外出を表せる？**

I'm off
to the beach.

海に行ってきます。

A 飛行機の離陸を「テイクオフ（take off）」と言うように、offには「離れる、去る」という意味があります。そこから、I'm off. で「もう行くね」「出かけるよ」「もうやめた」といった出かける際の一言に。この場合のoffも副詞または形容詞です。

My husband is off drinking with his friends.
夫は友人と飲みに行っている。

＊be off 「出かける」

Where are they off to?
彼らはどこへ行くの？

＊off to ... 「～へ向かう」

We have to be off now.
もう出発しないと。

＊be off 「立ち去る」

This milk tastes kind of off. Is it old?

この牛乳、なんだか変な味がする。古いの？

A offには「正しい道から外れたイメージ」があり、そこから「おかしい」「間違った」「変だ」という意味でも使われます。The translation is off. 「翻訳がおかしい」など、体調以外のことを説明する時にも使えます。この場合のoffも副詞または形容詞です。

I lost the race because I was feeling off.
レースで負けたのは、気分が悪かったからだ。
＊ feel off 「調子が悪い」

My timing was off.
タイミングが悪かった。
＊「タイミングが外れている」→「タイミングが悪い」

The measurement was off by a few inches.
測定は数インチずれていた。
＊ measurement is off 「測定がずれている」

by

 そばに

映画のタイトルにもなった「スタンド・バイ・ミー（stand by me）」は「そばにいて」「味方でいて」という意味。このbyがまさに「そばに」と傍に寄り添うコアイメージ。他にも方法や手段、原因、期限などを表せます。

①「そばに」の by

Please stand by me. 私のそばにいて。／私の味方でいて。

by が場所に使われる場合、すぐそばにあることを表します。by the sea「海のそばに」、by the window「窓のそばに」、by the door「ドアのそばに」など、密着してはいないものの、傍らにあるイメージです。

②「方法・手段」の by

I sent a message by email. 私はメールで伝言を送った。

by は「〜で」「〜によって」と方法や手段を表します。by train「電車で」や by bus「バスで」などの移動手段や、by email「メールで」などの伝達手段、また by hand「手で」や by machine「機械で」など、by でさまざまな手段を表せます。

③「製作者」や「原因」の by

This cake was made by my mother.
このケーキは母によって作られた。

誰が何をしたか、また原因などを表せます。学校でさんざん習った受動態に出てくるのが製作者や原因の by。My passport was found by the police. なら「私のパスポートは警察により見つけられた」。He was surprised by the news. なら「彼はそのニュースに驚いた」となり、ニュースが驚きの原因だとわかります。

④「期限」の by

Can you submit the report by noon?
レポートは昼までに提出してもらえますか？

by noon「昼までに」や by the end of this weekend「今週末までに」など、by は期限や締切を伝える時にも使えます。

This book was written by a famous singer.

その本は有名な歌手によって書かれた。

A 受動態で使われるbyは「〜によって」と訳され、その動作をした人や物を表します。そのため例題は、「有名な歌手がその本を書いた」と言い換えも可能。The window was broken by the storm.「窓は嵐によって壊された」のように、byのあとは物になることもあります。

The bridge was designed by skilled engineers.
この橋は熟練した技術者によって設計された。

* by skilled engineers 「熟練した技術者によって」

The decision was influenced by the weather.
その決定は、天気によって影響を受けた。

* be influenced by ... 「〜によって影響を受ける」

These recipes were created by a professional chef.
これらのレシピはプロのシェフが考案した。

* by a professional chef 「プロのシェフによって」

Q.2 手段を表すbyとは？

I paid by credit card.

私はクレジットカードで支払った。

A byは「～で、～によって」と、手段や方法を表すことができます。この場合、by card「カードで」やby check「小切手で」のように基本は冠詞を入れません。また、by PayPal「ペイパルで」のように、固有名詞を置くこともできます。

We got to the island by boat.

私たちはボートで島に行った。

＊ by boat 「ボートで」

I explored the city by bus.

バスで街を散策した。

＊ by bus 「バスで」

I'll send the package by air.

荷物を航空便で送ります。

＊ by air 「航空便で」

映画「*Stand by Me*」のbyは？

She is standing by the tree.

彼女は木のそばに立っている。

A 位置のbyで一番覚えやすいのが、映画のタイトルにもなっているstand by me「スタンドバイミー」です。stand by ...で「〜のそばに立つ」「〜を支持する」なので、stand by meで「そばにいて」「味方でいて」。この「すぐ傍で寄り添うイメージ」がbyです。

Your coat is by the mirror.
あなたのコートは鏡のそばにあります。

* by the mirror 「鏡のそばに」

Let's sit by the window.
窓際に座りましょう。

* by the window 「窓のそばに」

There's a vase by the fireplace.
暖炉のそばに花瓶があります。

* by the fireplace 「暖炉のそばに」

Q.4 通過や経路の by とは？

I walked
by your house.

私はあなたの家の近くを通った。

A by は「～のそばを通って、通り過ぎて」という意味にもなります。walk by ... は歩いてそばを通ることですから、「～のそばを通りかかる」。drop by や stop by は経由のニュアンスになるので、「立ち寄る」となります。

This bus goes by the hospital.
このバスは病院のそばを通ります。

＊ go by ...　「そばを通る」

We drove by Mary's office.
メアリーのオフィスの近くを車で通った。

＊ drive by ...　「車で通り過ぎる」

I'll drop by your house later.
後であなたの家に寄ります。

＊ drop by ...　「～に立ち寄る」

I'll finish work by 6:00.

私は6時までに仕事を終えます。

A by も until も「〜までに」と訳すことができます。しかし例題は「6時までに仕事を終える」と単に終了時間を表すのに対し、I work until 6:00. だと「私は6時まで働く」と、動作がその時まで継続する意味に。by は「〜まで」ですが、until は「〜する時まで（ある動作や状態が続く）」です。似て非なるものですから気をつけましょう！

I'll be back by 3:00 PM.
午後3時までには戻ります。

＊ by 3 PM 「午後3時までに」

She has to leave for Paris by 8:00 AM tomorrow.
彼女は明日の朝8時までにパリに発たなければならない。

＊ by 8:00 AM tomorrow 「明日の午前8時までに」

Please submit the form by next Tuesday.
来週の火曜日までにフォームを提出してください。

＊ by next Tuesday 「次の火曜日までに」

Q.6 程度のbyとは？

She won the race by two points.

彼女は2ポイント差でレースに勝った。

A by two points は「2ポイント差で」。byは「〜差で」と程度を表すこともできます。by a hair は「間一髪のところで」、by a nose は「僅差（きんさ）で」など、体の一部を使った面白い表現もありますから要チェック！

I missed the bus by two minutes.

2分の差でバスに乗り遅れた。

＊ by two minutes 「2分差で」

I increased the font size by two points.

私はフォントサイズを2ポイント大きくした。

＊ increase the font size by two 「フォントサイズを2つ大きくする」

The temperature will drop by five degrees.

気温は5度下がるでしょう。

＊ drop by five degrees 「5度下がる」

I get paid by the hour.

私は時給で支払われる。

A by には「〜ごとに、〜決めで」という意味もあります。by the hour は「時間決めで」、by the month は「月決めで」、by the liter なら「リッター単位で」。byの後ろは「the＋単位」になることに注意しましょう。日常的によく使われていますから、覚えて損はありません！

We'll rent the car by the day.

レンタカーは1日単位で借りよう。

＊ by the day 「1日単位で」

Cupcakes are packaged by the dozen.

カップケーキは1ダースずつ包装されている。

＊ by the dozen 「1ダースごとに」

We measure spices by the gram.

我々は香辛料をグラム単位で計ります。

＊ by the gram 「グラムごとに」

byは掛け算と割り算にも使う？

Two multiplied by two equals four.

2 × 2 は4。

A byには「〜で掛ける」という意味もあり、A × BはA by Bと読みます。例題は、省略せずきちんと数式を英語で表記したもので、multiplyは「掛ける」、by「〜で」を足すことで「〜で掛ける」という意味になります。またThe room measures 15 by 25 feet.「部屋の大きさは15 × 25フィート」のように寸法を表すこともできます。

If you divide 10 by 2, you'll get 5.

10を2で割ると5になる。

＊ divide by ...「〜で割る」

What is 20 divided by 2?

20を2で割ると？

＊ twenty divided by two 「20 ÷ 2」

The paper is 10 by 20 centimeters.

その紙は10センチ × 20センチです。

＊ 10 by 20 「10 × 20」

Paying taxes is required by law.

納税は法律で義務付けられている。

A 判断の基準を表す時、「〜によって、〜に従って」という意味で byが使われます。by law「法律により」、by the book「型通りに」など、byの後には判断の元となる物が続きます。

I do my job by the book.
私は規則に則って仕事をしている。

＊by the book 「型通りに」

All the members played (the game) by the rules.
メンバー全員がルールに従って（試合を）プレーした。

＊by the rules 「ルールに従って」

We made every decision by the manual.
私たちはすべての決断をマニュアル通りに行った。

＊by the manual 「マニュアルに従って」

Time flew by.

時が経つのは早い。

A 副詞のbyは「〜が過ぎて、経過して」と時の経過を表す時に使います。fly byは「飛ぶように過ぎる」なので、This year flew by. なら「今年はあっという間だった」となります。「あっという間にバイバイする」なんて覚えるといいですよ！

When living in the city, the days go by quickly.

都会で暮らしていると、毎日があっという間に過ぎていく。

＊go by 「時が過ぎる」

My vacation slipped by in no time.

休暇はあっという間に過ぎていった。

＊slip by 「あっという間に過ぎる」

It's hard to get by with just three hours of sleep.

たった3時間の睡眠で乗り切るのは難しい。

＊get by 「なんとかやっていく」

until と till、by の違い

　本文では紹介していませんが、until と till もよく使う前置詞です。この2つは接続詞としても使われますが、ここでは前置詞としての使い方に絞って説明しましょう。

　どちらも「～まで」と訳され、「ある時点までの継続した時間」を表します。基本的に意味の違いはなく、同じように使えますが、どちらかというと until のほうがフォーマルで、till のほうが口語的です。

　「かっちりした場では until を、くだけた会話では till でも OK」と覚えておくといいでしょう。次のように使い、どちらも言い換え可能です。

We waited until/till 5:00 PM to leave.
私たちは午後5時まで出発を待った。

　この文は、ある時間から午後5時まで「待つ」という動作が続いていたことを表します。この「動作や状態が継続する期限の『～まで』」を表すのが、by とは違う until と till ならではの特徴なのです！

　ですから、たとえば海外の出張先で「明日の朝食は何時にします？」と聞かれ、「9時までに食べたいです」と答えようと思って

I want to eat until 9:00.

と答えたら、「私は9時までずっと食べ続けたい」なんて意味になってしまうので、「どれだけ大食いなんだ！」と驚かれてしまいます。

　このような時はbeforeを使い、

I want to eat before 9:00.

　と答えれば「9時よりも前に食事をしたい」→「9時までに食事をしたい」という意味になります。

　「〜までに」という意味で使う前置詞として、byもあります。
　byとuntil/tillは、byが単に「期限」を表すのに対し、until/tillは「動作や状態が継続する期限」を表す点で異なります。

Please finish the report by Monday.
月曜までにレポートを終わらせてください。

　このように「期限」だけを表す時に使うのが、byです。

　「『〜までに』はby」と、日本語の意味から英単語を覚えると、いざという時に「使えない英語」になってしまいます。

　前置詞は、時間や場所などさまざまなものを表す「便利な言葉」ですから、ぜひコアイメージで覚え、瞬間的に使えるようにしましょう！

【10】

with

 ～とともに

with といえば一緒にいるイメージ。「～と一緒に」「～を持って」「～に対して」など、共に何かをする姿を思い浮かべるといいでしょう。反対語 without は「～なしに」。一緒なら with、一緒でなければ without です。

①「同伴」のwith

Do you want to come with us?　一緒に来ますか？

一緒に何かをする時に使うのが、同伴のwith。live with ...「〜と一緒に住む」やgo with ...「〜と一緒に行く」など、共に何かの動作をする時に使います。

②「方法・手段」のwith

He cut the paper with scissors.　彼ははさみで紙を切った。

「一緒に」「ともに」のイメージから、道具を手に持って何かをする時にもwith。cut with scissors「はさみで切る」、write with a pen「ペンで書く」などと方法や手段を表します。

③「材料」のwith

I made an omelet with three eggs.
卵3個でオムレツを作った。

材料や中身を表せます。The ground is covered with snow. なら「地面は雪で覆われている」。雪が地面を覆う材料というイメージ。

④「賛成・一致」のwith

I agree with that idea.　私はそのアイデアに賛成です。

「一緒」のイメージの応用で「賛成」の意味もあります。agree with ... で「〜に同意する」→「〜に賛成する」。I agree with you. で「あなたと同意見です」→「あなたに賛成」と同意を表す決まり文句に。go with ...「〜とよく合う」を使い This wine goes well with the steak. と言えば「このワインはステーキによく合う」となります。

I went shopping with Rachel.

レイチェルと買い物に行きました。

A withで一番よく知られているのは、「～と一緒に、～と共に」という同伴の意味でしょう。Do you want to come with us?「私たちと一緒に来たい？」→「一緒に来る？」のように、withの後にはよく固有名詞や代名詞などが続きます。

I enjoyed the concert with my family.

家族とコンサートを楽しんだ。

＊ with my family　「家族と」

He is studying for his exams with his classmates.

彼はクラスメートと一緒に試験勉強をしている。

＊ with his classmates　「彼のクラスメートと」

Are you going to Tokyo with your boss?

上司と東京へ行くのですか？

＊ with your boss　「あなたの上司と」

He opened the box with a key.

彼は鍵で箱を開けた。

A with は「〜で」と方法や手段を表すこともできます。例題の with a key は「鍵を使って」ですが、with のコアな意味が「〜と一緒に」なので「鍵と共に箱を開けた」→「鍵で箱を開けた」と考えると イメージしやすいかもしれません。

She's fixing her bike with my tools.

彼女は私の工具で自転車を修理している。

＊ with some tools 「工具で」

The artist drew a beautiful picture with a pencil.

画家は鉛筆で美しい絵を描いた。

＊ with a pencil 「鉛筆で」

He carved the statue with an old knife.

彼は古いナイフで彫像を彫った。

＊ with an old knife 「古いナイフで」

The juice was made with fresh apples.

そのジュースは新鮮なリンゴで作られた。

A with は「〜で（作る）、〜で（いっぱいにする）」のように、材料や中身を表すことができます。made with ... は「〜で作った」ですから、I made an omelet with three eggs. なら「卵3つでオムレツを作った」となります。

The market is filled with shoppers.
市場は買い物客でいっぱいだ。

＊ be filled with ...　「〜で満たされた」

The stadium was packed with fans.
スタジアムはファンで満員だった。

＊ be packed with ...　「〜でいっぱい」

He filled the bottle with tea.
彼はボトルをお茶で満たした。

＊ fill A with B　「B で A を満たす」

Q.4 所有のwithはどう使う?

We bought a house with a great view.

とても眺めのいい家を買った。

A withには、「〜付きの、〜のある」という所有の意味もあります。a house with a beautiful viewで「美しい景色のある家」。I met a woman with a nice smile. なら「笑顔の素敵な女性に出会った」となります。

He speaks with confidence.

彼は自信を持って話す。

＊ with confidence 「自信を持って」

I work in an office with large windows.

私は大きな窓のあるオフィスで仕事をしている。

＊ with a large window 「大きな窓のある」

The hotel has a garden with beautiful flowers.

ホテルには美しい花の咲く庭がある。

＊ with beautiful flowers 「美しい花が咲く」

I slept with the lights on.

電気をつけたまま眠った。

A with には「〜した状態で、〜しながら」という意味もあります。そのため、sleep with the lights on なら「電気が付いた状態で眠る」。動詞の後ろにどんな状態かを説明する表現を置き、with the air conditioner on なら「エアコンを付けた状態で」です。

My dog sat with his tongue hanging out.

私の犬は舌を出して座っていた。

＊with his tongue hanging out 「舌を出した状態で」

The little children walked to school with umbrellas in hand.

小さな子供たちは傘を手に持って学校へ歩いて行った。

＊with umbrellas in hand 「傘を手に持った状態で」

Don't run with scissors in your hand.

ハサミを持ったまま走らないで。

＊with scissors in your hand 「手にハサミを持った状態で」

I'm happy with the result.

結果に喜んでいます。

A with には「〜に、〜に対して」という意味もあり、よく形容詞とセットで使います。be happy with ... は「〜に喜ぶ」、be pleased with ... で「〜に満足する」。テストなどでよく出る表現ですから、覚えておきましょう。

I'm not happy with her decision.
私は彼女の決定に満足していない。

＊ happy with ... 「〜に満足する」

This cafe is popular with students.
このカフェは学生たちに人気がある。

＊ popular with ... 「〜に人気」

The coach is strict with the athletes.
そのコーチは選手に厳しい。

＊ strict with ... 「〜に厳しい」

Q.7 賛成、一致のwithとは？

I agree with your idea.

あなたの意見に賛成です。

A with で「〜に合って、〜と（同意して）」など、同調や一致を表せます。agree with ... は「〜と同意する」。with の後ろを人にして、I agree with you. なら「あなたに賛成です」となります。

This wine goes well with the steak.

このワインはステーキによく合います。

＊ go well with ...　「〜にとても合う」

The music was in harmony with the sounds of the forest.

音楽は森の音と調和した。

＊ in harmony with ...　「〜と調和している」

Her dress goes with her shoes.

彼女のドレスは靴に合っている。

＊ go with ...　「〜に合う」

148

Q.8 **withとbyは同じように使える？**

I cut the paper with scissors.

ハサミでその紙を切った。

A 手段を表すwithの意味は「〜で」。byにも同じく「〜で」という意味がありますが、I cut the paper by scissors. はネイティブには不自然です。「何かの道具を使って動作をした時は、withを使う」と覚えておくとよいでしょう。

He stirred the coffee with a spoon.

彼はスプーンでコーヒーをかき混ぜた。

＊with a spoon 「スプーンで」

He repaired the roof with a hammer.

彼はハンマーで屋根を修理した。

＊with a hammer 「ハンマーで」

Don't touch the box with your hands.

手で箱を触らないで。

＊with your hands 「手で」

Q.9 感情を表す時の at と with の違いは？

I'm satisfied with the gift.

贈り物に満足しています。

A be satisfied with ... は「〜に満足している」ですが、be satisfied at ... だと特定の状況や事態に対してだけ満足しているという意味に。同様に、be angry with ... は「〜に腹を立てる」ですが、be angry at ... だと特定のものに怒っているイメージに。限定せず感情を表すなら、with を使うといいでしょう。

My mother is angry with her friend.
母は友人に腹を立てている。

* angry with ...　「〜に腹を立てる」

I was impressed with her knowledge of finance.
彼女の金融に関する知識には感心した。

* impressed with ...　「〜に感動する」

I was excited with the idea of going to Vietnam.
私はベトナムに行くアイデアに興奮した。

* excited with ...　「〜に興奮する」

withの意外な使い方は？

(Are you)
Still with me?

わかりますか？

A with には「〜と同意見で、〜に賛成して」というニュアンスがあり、(Are you) Still with me? で「まだ私と同意見ですか？」→「まだ私の言っていることはわかりますか？」という意味になります。相手が自分の話を理解できているかを確認する時の決まり文句です。

To be popular, you've got to get with it and spend more on clothes.

モテるには、服にもっとお金をかけなければならない。

Are you with me or against me?

私に賛成、それとも反対？

＊ with me 「私と考え方が一体となって」→「私に賛成」

I'm with you on that.

私はそれに関して賛成だ。

＊ I'm with you 「あなたに賛成」

「〜のそばに」の前置詞あれこれ

There's a cat ＿＿ the chair.

（イスの〜にネコがいる）

と言われても、「イスのどこにネコがいるのか」わからないですよね？

下線部に入れる前置詞を変えることで、さまざまな意味になります。

ここでは場所を表す前置詞、

at、in、on、by、next to、beside、near、close to、under、beneath、below、over、above across from、opposite to

の中から、本書で紹介しきれなかった前置詞を中心に解説しましょう。

●「そば」を表す前置詞

「そば」を表す言葉として by、next to、beside、close to、near があります。

next to や close to は前置詞ではありませんが、あわせて覚えるとイメージをつかみやすいはずです。近いものから順に紹介しましょう。

● beside 「〜のピッタリそばに」

「隣り合わせ」を表し、すぐ横にピッタリくっついて隣接しているイメージになります。

The chair is beside the desk.

イスは机のすぐ隣にくっついている。

● **next to** 「～の隣に」「～の次に」

beside のようにくっついてはおらず、対象となるものの隣、次にあることを表します。

The chair is next to the desk.

イスは机の隣にある。

● **by** 「～のかたわらに」

beside や next to ほど、くっついていない物に使います。

物がすぐそばにあることを表しますが、隣接しているとは限りません。

The chair is by the desk.

イスは机のかたわらにある。

● **close to** 「～のそばに」

物が近くにあることを表しますが、by より少し距離があるイメージになります。

The chair is close to the desk.

イスは机のそばにある。

● **near** 「～の近くに」

これまで紹介してきた中では、最も距離があるイメージになり、close to よりさらに広い範囲も含みます。

The chair is near the desk.

イスは机の近くにある。

だいたいではありますが、近いものから順に、

beside > next to > by > close to > near

となり、感覚的に「どの程度くっついているか」で使い分けると
いいでしょう。

ネイティブは「10前置詞」をこんなふうに使っています

空港で①

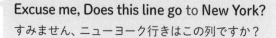

Excuse me, Does this line go to New York?
すみません、ニューヨーク行きはこの列ですか？

Yes, this is the right line.
But your plane will leave late.
はい、こちらが正しい列です。
でも、飛行機は遅れて出発します。

Oh, okay. When will it leave?
ああ、わかりました。出発はいつですか？

We plan to leave in one hour. And
you're lucky —— you have a better seat now!
1時間後に出発する予定です。それと、あなたは
ラッキーですよ、もっといい席になりますから！

Really? That's wonderful!
本当ですか？ それは素晴らしい！

Thank you for flying with us.
ご搭乗ありがとうございます。

＊ line go to ...　「～行きの（乗客の）列」
＊ leave late　「遅れて出発する」
＊ When will it leave?　「出発はいつですか？」
＊ leave in one hour　「1時間後に出発する」
＊ Thank you for ...　「～をありがとうございます」

タクシーで①

Can you take me to the Hilton Hotel, please?
ヒルトンホテルまでお願いできますか？

Yes. We'll get there in 20 minutes.
はい。20分で着きます。

**I'm a little scared about getting lost
in this big city.**
この大都会で道に迷うのがちょっと怖いな。

**Don't be scared! I know this city really well.
I can probably drive with my eyes closed.**
怖がらないで！　私はこの街をよく知っています。
多分、目を閉じても運転できますよ。

Please drive with your eyes open!
目を開けて運転してください！

**Yes, I will! And if you want to know
what to do for fun here, please let me know.**
はい、そうしますよ！　ここで楽しみたいことを
知りたいなら、私に教えてください。

＊ get there in ... minutes　「そこには〜分で到着する」
＊ I'm a little scared about ...　「〜するのがちょっと怖い」
＊ with your eyes open　「目を開けて」
＊ what to do for fun here　「ここで楽しみたいこと」

バスターミナルで

Does this bus go to Central Park?
このバスはセントラルパーク行きですか？

Yes, you're on the right bus. Just stay seated; we'll get there in about 15 minutes.
はい、このバスで間違いありません。
そのままお座りください。15分ほどで着きます。

Can I buy the ticket from you?
切符は買えますか？

Oh, we're off cash now. You can pay by card next to the entrance.
ああ、もう現金はありません。
入口の横でカード払いできますよ。

Technology really is taking over, isn't it?
テクノロジーがすごいですね。

Sure is! But don't worry, I'm still the one driving, not a robot!
確かに！　でも心配しないで、
運転するのはロボットではなく私ですから！

＊ off cash 「現金がない」
＊ take over 「優位になる、すごい」
＊ Sure is! 「確かに！」

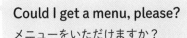

レストランで

Could I get a menu, please?
メニューをいただけますか？

Of course! Are you eating by yourself tonight?
もちろんです！　今夜はお一人ですか？

**Yes, this is my first time having
real American food.**
ええ、本場のアメリカ料理を食べるのは初めてです。

**You will enjoy it! Our cook is very good at
making traditional food.**
きっと楽しんでいただけますよ！
うちのシェフは伝統料理が得意なんです。

I can't wait! I'll have the soup of the day first.
楽しみだ！　まずは本日のスープをください。

**Good choice! The soup is made with
fresh ingredients from the nearby market.**
いいですね！　スープは近所の市場から
仕入れた新鮮な食材で作っています。

＊ Can I get ...?　「〜をもらえますか？」
＊ be good at ...　「〜が得意」
＊ I can't wait!　「待てない！」→「楽しみだ！」
＊ be made with...　「〜で作られた」

カフェで①

This café is nice.
Could I have a coffee with cream, please?
素敵なカフェですね。コーヒーをミルク入りで
いただけますか？

Yes! Would you like sugar in it?
はい！　お砂糖は入れますか？

A little, thank you.
Do you have any sweet bread or cakes?
ありがとう、少しだけ。
甘いパンかケーキはありますか？

Yes, we have various muffins and cakes.
Today's special is the blueberry muffin.
ええ、いろいろなマフィンやケーキがあります。
今日のスペシャルはブルーベリーマフィンですよ。

That sounds good! I'll have one of those too.
いいですね！　どれかひとつ一緒にください。

* coffee with cream　（ミルク入りコーヒー）
* sugar in it　「砂糖を（それに）入れる」
* Do you have any A or B?　「AまたはBはありますか？」
* we have various ...　「いろいろな種類の〜がある」
* That sounds good!　「（相手の発言を受けて）いいですね！」
* one of those　「そのうちのどれか」

土産物店で①

These gifts are really nice!
How much for this keychain?
このお土産物はとっても素敵ですね！
このキーホルダーはいくらですか？

That one is $5.
Are you getting it for someone?
そちらは5ドルです。どなたかへのプレゼントですか？

Yes, for my friend in Japan.
She likes American things.
ええ、日本の友達に。
彼女はアメリカのものが好きなんです。

She will like this. They're really popular.
きっと気に入ってくれると思いますよ。
とても人気ですから。

I'll get one for my friend and one for me too.
友達のと僕の分も買います。

Good idea!
いいですね！

＊How much for ...? 「～はいくらですか？」
＊get ... for someone 「～を誰かのために買う」
＊for my friend in ... 「～にいる友達のために」

土産物店で②

Excuse me. I'm looking for soap.
すみません。石鹸を探しているんですが。

The kind you wash dishes with?
お皿を洗う時のですか？

No, the kind you wash clothes with.
いいえ、服を洗うのです。

Oh, laundry soap. That's on Aisle 7.
All the laundry soap is 20 percent off today.
ああ、洗濯石鹸ですね。7番通路にあります。
今日は洗濯石鹸が全部20％引きです。

Wow! Maybe I should stock up on it.
すごい！　それなら買いだめしたほうがいいかも。

Great idea!
いいですね！

＊ look for ...　「～を探す」
＊ The kind ...?　「～（する種類）のもの？」
＊ wash clothes　「洋服を洗う」
＊ 20 percent off　「20パーセント引き」
＊ stock up on　「買いだめする」

書店で

Do you have books for studying English?
英語学習用の本はありますか？

Yes, they're near the window.
はい、窓の近くにあります。

Thanks! I want to get better at English.
ありがとうございます！
英語がもっとわかるようになりたいんです。

**Let me know
if you need help finding the best book.**
ベストな本を探すのにお手伝いが必要でしたら、
私に声をかけてください。

**I might need some advice.
There are so many!**
アドバイスをお願いするかもしれません。
すごくたくさんあるんで！

I can help. The right book is important.
お手伝いしますよ。いい本であることが重要ですから。

＊ books for ...ing 「～用の本」
＊ be near ... 「～の近くにある」
＊ get better at ... 「～がもっとうまくなる」

病院で（看護師と）

Excuse me, I need help. I feel dizzy.
すみません、助けがほしいです。めまいがするんです。

Sorry to hear that.
Sit here and I'll get a doctor.
それは心配ですね。ここに座って、ドクターを呼んできます。

Thanks. Maybe it's jet lag,
but I'd like to have a checkup.
ありがとうございます。
たぶん時差ぼけですが、検査をしてほしいです。

The doctor will see you soon.
Do you have any allergies?
すぐにドクターに診てもらえますよ。
なにかアレルギーはお持ちですか？

No allergies. I'm just feeling nauseous.
アレルギーはありません。ちょっと吐き気がします。

Don't worry. We'll take good care of you.
大丈夫。私どもがしっかり診ますから。

＊feel dizzy 「めまいがする」
＊Sorry to hear that. 「それは心配です、お気の毒に」
＊jet lag 「時差ぼけ」
＊No allergies. 「アレルギーはありません」

164

タクシーで②

Could you take me to the Hilton Hotel on 5th Avenue?
5番街のヒルトンホテルまでお願いできますか？

Yes, we'll get there fast.
This is New York, the city that never sleeps!
はい、すぐに着きますよ。
ここは眠らない街、ニューヨークですから！

I'm here for a meeting.
打ち合わせでこちらに来たんです。

Are you here for business?
こちらへはお仕事で？

That's right.
I'm afraid I might get off at the wrong place.
その通り。間違った場所で降ろされないか心配だな。

Don't worry.
I'll make sure you get to the right place!
ご心配なく。ちゃんと正しい場所にお連れしますよ！

＊ will get there fast 「すぐ（そこに）着く」
＊ be here for ... 「〜（の用）でここにいる」
＊ get off at ... 「〜で降りる」

ホテル（フロント）で

Hello, I booked a room under the name Ken.
こんにちは、ケンという名前で部屋を予約しました。

Hello, Mr. Ken! Are you going to eat
at our Japanese restaurant tonight?
いらっしゃいませ、ケン様！　今夜はうちの
日本食レストランで食事をするご予定ですか？

That sounds good,
but I want to try American food.
それはいいですね、
でもアメリカの料理を食べてみたいんですが。

What about a burger with sushi?
It's a mix of both!
お寿司と一緒にハンバーガーはいかがですか？
両方のミックスになります！

That sounds interesting! I'll try it.
それは面白い！　それにしてみます。

Great! It's on our menu tonight.
We like serving unusal dishes.
よかったです！　今夜のメニューにあります。うちは
普通ではない料理をお出しするのが好きなんですよ。

カフェで②

Could I have coffee with cream, please?
ミルク入りのコーヒーをいただけますか？

**Sure! Are you taking it
with you or drinking it here?**
もちろんです！　持ち帰りますか、
それともこちらで座って飲みますか？

I'll drink it here. I want to rest for a bit.
ここで飲みます。少し休みたいので。

**Good idea!
Do you want us to add the cream for you?**
いいですね！　ミルクはこちらで入れましょうか？

I'll add it myself, thanks.
自分で入れます、ありがとう。

Okay! Tell me if you need anything.
わかました！
何か必要なものがあったら言ってください。

＊ Can I have ...　「〜をいただけますか？」
＊ take ... with you　「持ち帰る（テイクアウトする）」
＊ rest for a bit　「少し休憩する」
＊ want ... to do　「〜に〜してもらう」

空港で②

Oh, no! I can't find my passport!
うわ、困った！　パスポートが見つからない！

Stay calm. Think about where you last had it.
落ち着いて。最後に持っていた場所を思い出して。

I had it on the bus. Maybe I dropped it.
バスの中では持ってました。落としたのかもしれない。

Let's call the bus company and let them know about it.
バス会社に電話して知らせましょう。

Thank you. I was about ready to give up.
ありがとう。私はもう諦めかけていた。

I'm sure we can help you with this. We'll try our best to find it.
私たちがきっと力になれると思います。
見つかるよう最善を尽くします。

---

* Stay calm. 「落ち着いて」
* think about ... 「〜ついて考える」
* give up 「諦める」
* help with ... 「〜を助ける、〜を手伝う」
* try one's best to do 「〜するよう最善を尽くす」

美術館で

Excuse me, where is the modern art show?
すみません、現代美術展はどこですか？

**It's upstairs, next to the big stairs.
You'll see it.**
上の階で、大きな階段の隣です。ご覧になれますよ。

Thank you. Can I take photos?
ありがとうございます。撮影はできますか？

**Yes, but no flash.
We don't want too much light on the art.**
はい、でもフラッシュなしで。
作品にあまり光を当ててほしくないので。

**I understand.
Do you have brochures in Japanese?**
わかりました。日本語のカタログはありますか？

**Yes! You can get one at the information desk.
We have other languages too.**
はい！　インフォメーションでお渡ししています。
他の言語もございます。

＊ be next to ...　「～の隣にある」
＊ take photos　「写真撮影する」
＊ no flash　「フラッシュなしで」

土産物店で③

These postcards are pretty.
How much do they cost?

このポストカード、可愛いですね。おいくらですか？

They're 1 dollar each. If you buy five,
you get one more for free.

1枚1ドルです。5枚買うと、もう1枚無料になります。

That's a good deal! I'll take six.

それはお得ですね！ 6枚もらいます。

Okay, sure.
These postcards are really popular.

はい、わかりました。このポストカードは本当に人気がある。

Can I pay with a card?

カードでお支払いできますか？

Yes, you can use the card machine
near the counter.

はい、カウンターの近くのカード機をご利用ください。

* How much do they cost? 「おいくらですか？」
* ... dollar each 「1つ〜ドル」
* That's a good deal! 「それはお得です！」
* pay with ... 「〜で支払う」
* Use A near B 「B近くのAを使う」

図書館で①

Excuse me, where are the books
about American history?

すみません、アメリカの歴史に関する本はどこですか？

Follow me. They're in the back,
to the left of the travel books.

ついてきてください。奥の旅行の本の左です。

Thanks. Can you suggest one for beginners?

ありがとう。初心者におすすめのは？

Yes, "America's Story" is good for people
who aren't experts.
It's different from usual history books.

そうですね、専門ではない人には『アメリカの物語』が
いいですよ。普通の歴史書とは違います。

That sounds good!
Can I sit somewhere to read it?

それはいいですね！　どこかに座って読めますか？

Yes, there are chairs near the window.
Happy reading!

ええ、窓際に椅子がありますよ。読書を楽しんでください！

＊ books about ...　「〜についての本」
＊ follow me　「ついてきて」

スーパーで

These apples look good!
Were they grown near here?
このリンゴはおいしそうですね！
この近くで栽培したのですか？

Yes, they come from our farm close by.
ええ、近くの農場で採れたものです。

Great. I want to buy some. What's the price?
いいですね。いくつかお願いします。お値段は？

They are \$3 for each pound. You also get
a small jar of our jam with them.
1ポンド3ドルです。ジャムの小瓶もお付けしますよ。

That's nice! I'll take two pounds.
それは嬉しい！　2ポンドください。

Okay, I'll get some nice ones for you!
わかりました、良いのにしますね！

* look good 「見栄えがいい、おいしそう」
* come from ... 「～出身、～から来ている」
* close by 「近くの（にある）」
* \$... for each pound 「1ポンド～ドル」
* That's nice! 「それは嬉しい！」

ギャラリーで

**These paintings are amazing!
Who painted them?**

この絵は素晴らしい！　誰が描いたんですか？

**They're by Clara Wilson, a local artist.
She was inspired by the city's nature.**

地元のアーティスト、クララ・ウィルソンです。
彼女は町の自然からアイデアを得たんです。

Can I buy any of these paintings?

これらの絵は買えますか？

**Yes, the ones here are for sale. We give part
of the money to children's art programs.**

はい、ここのものは売り物です。売り上げ金の一部は
子供たちのアートプログラムに寄付しています。

**That's nice.
I might buy one to remember my trip.**

それはいいですね。旅の思い出に買おうかな。

**We are open until 7 PM.
Look around as much as you like.**

午後7時まで営業しています。
好きなだけ見て回ってください。

スタジアムで

Is someone sitting here?
ここに誰か座ってますか？

No, it's yours.
It's a good place to watch the game!
いいえ、どうぞ。
試合を観るのにいい場所ですね！

Thanks. This is my first baseball game.
ありがとうございます。今回が初めての野球観戦です。

You'll enjoy it!
But be careful of balls coming this way!
楽しんでください！
でもこっちに来るボールには気をつけて！

I'll watch out. Can I get snacks here?
気をつけます。ここで軽食は食べられますか？

Yes, people will come by selling
snacks and drinks. Just call out to them.
ええ、お菓子や飲み物を売りに来る人がいます。
彼らに声をかければいいですよ。

* be a good place to ...　「〜するのにいい場所」
* this is my first ...　「初めての〜」

ヨガ教室で

Is this where the yoga class is?
ヨガのクラスはここですか？

**Yes! We'll start soon,
over there by the windows.**
はい！　もうすぐ始まりますよ、
あちらの窓際へどうぞ。

**Good, I just came from Japan and
need to relax.**
ありがとう、日本から来たばかりなので、
ゆっくりしたくて。

Yoga will help. Do you need a yoga mat?
それにはヨガがいいでしょう。
ヨガマットはいりますか？

Yes, please. Is this class okay for beginners?
はい、お願いします。
初心者でも大丈夫なクラスですか？

Yes, it's easy. We do simple stretches.
はい、簡単ですよ。シンプルなストレッチをやります。

＊ Is this where ... is?　「～の場所はここですか？」
＊ over there　「あちら」
＊ come from ...　「～から来る」

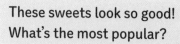

カフェで③

**These sweets look so good!
What's the most popular?**

ここのお菓子はとてもおいしそう！　一番人気はどれですか？

**Everyone loves our apple pie.
It's made with local apples.**

皆さんうちのアップルパイをお好きですね。
地元のリンゴを使っているんです。

I'll have a piece of that, and a coffee, please.

それを一切れとコーヒーをお願いします。

Sure thing! Do you want sugar with your coffee?

かしこまりました！　コーヒーにお砂糖を入れますか？

**Just a little, thanks. I want to try
as many American dishes as possible.**

ほんの少し、ありがとうございます。アメリカの味を
できるだけたくさん試してみたいです！

**Then you'll love our pie.
Enjoy your time in America!**

それなら、うちのパイが気に入りますよ。
アメリカでの時間を楽しんでください！

* be made with ...　「〜で作られている」
* Sure thing!　「かしこまりました」

洋服店で

I want to find a gift for my friend.
She's into fashion.
友達へのプレゼントを探しています。
彼女はファッションに夢中なんです。

Look at these scarves.
They're made by a New York designer.
このスカーフを見て。
ニューヨークのデザイナーが作ったものです。

They're pretty! How much for the blue one?
きれいですね！　青いのはいくらですか？

It's $45. It comes with a matching bag.
45ドルです。お揃いのバッグもありますよ。

That's great! I'll get both.
いいですね！　両方ください。

Sure!
They'll make nice gifts from New York.
はい！
ニューヨークからの素敵な贈り物になりますね。

* gift for ...　「〜へのプレゼント」
* look at ...　「〜を見る」
* be made by ...　「〜によって作られた」

図書館で②

I am looking for travel books about the United States. Can you help me?

アメリカの旅行記を探しています。
手伝ってもらえますか？

Yes, they're in the non-fiction section near the main walkway.

はい、メイン通路の近くのノンフィクションのエリアにあります。

Thanks. Can I borrow them with my visitor card?

ありがとうございます。ビジターカードで借りられますか？

Yes, you can. You can keep books for two weeks.

はい、できますよ。2週間借りられます。

That's good!
I want to learn a lot while I'm here.

それはいいですね！　ここにいる間にたくさん勉強したいです。

We'll be happy to help.
Ask if you need any more help.

喜んでお手伝いしますよ。
もっと手伝いが必要なら聞いてください。

＊ look for ...　「〜を探す」
＊ near the main walkway　「メイン通路の近く」

カフェで④

Can I get a latte with almond milk, please?
アーモンドミルクのラテをお願いできますか？

Sure! Would you like to a dessert?
はい！ デザートはいかがですか？

What do you recommend?
おすすめは何ですか？

**Our blueberry muffins are delicious.
They're new from today!**
ブルーベリーマフィンはおいしいですよ。
今日発売の新商品です！

That sounds good! I'll have one, please.
いいですね！ 一つください。

**Okay!
Your order will soon be ready at the counter.**
はい！
ご注文の品はカウンターですぐにご用意します。

＊ Can I get ...? 「～をもらえますか？」
＊ Would you like to ...? 「～はいかがですか？」
＊ be ready 「準備できる」

警察署で

Hello. I need to tell you my bag was stolen.
こんにちは。バッグを盗まれました。

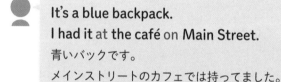

That's too bad. What does it look like and where did you last have it?
それはひどい。どのようなもので、最後にどこで持っていましたか？

It's a blue backpack.
I had it at the café on Main Street.
青いバックです。
メインストリートのカフェでは持ってました。

Do you remember anything unusual?
何か変な物は覚えていますか？

Well, a man bumped into me.
He might have taken it.
えっと、男の人がぶつかってきました。
彼が盗ったのかもしれない。

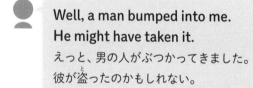

We'll look into this, and check the café's cameras. Can you give us a phone number or email address?
これを調査して、カフェのカメラを確認します。
電話番号かメールアドレスを教えてもらえますか？

after と behind の違い

after と behind は、どちらも「〜の後に」という意味で使われます。では、

「あなたのうしろにいるのは誰？」

と、隠(かく)れている人を聞く時は、どちらを使うでしょうか？

Who's ＿＿＿＿ you?

after は、時間や位置的な順番での「後」「うしろ」を表しますが、「次いで」「後を追って」という意味もあるので、「基準となるものの後に続く」イメージです。

そのため、

Who's after you?

と聞けば、

①「あなたの後は誰？」と順番の上でのうしろの人をたずねる意味と、

②Who's (chasing) after you?「あなたの後を追っているのは誰？」

の2通りの意味に。

それに対し behind は、場所としての「うしろ」と、時間的な「遅れ」を表します。

そのため、

Who's behind you?

と聞けば、「あなたのうしろにいるのは誰?」と、あなたのうしろに隠れている人をたずねるフレーズに!

正解はbehindです。

ちなみに、

「夕食の後は何?」

とデザートが何かを聞くなら、

What's after dinner?

です。「夕食の後」と順番を聞くので、afterを使います。

afterは「後に続く」もの、behindは背後に隠れている位置的な「うしろ」「裏」と覚えておきましょう!

Column⑤

「上下」を表す前置詞の比較

●「上」を表す前置詞

on、over、above があります。

● on 「〜の上に、〜に接して」

何かの表面にくっついている状態、また境界線上にあるものを表します。

The lamp is on the table.

ランプはテーブルの上にある。

＊テーブルにくっついている状態。

● over 「上を覆って」

対象となる物にくっついておらず上を覆っている状態。

The lamp is hanging over the table.

ランプがテーブルの上を覆って吊るされている。

● above 「〜より高くに」

対象となる物に接触せず距離があり、高くにある状態。

The lamp is hanging above the table.

ランプがテーブルの上、高くに吊るされている。

くっついた状態を表すonとの違いは簡単ですが、overは何かの上を覆ったり、上を移動している状況に使うことが多く、aboveは何かの上の方に静止していて、間に距離がある状態に使

われることが多いです。

●「下」を表す前置詞の比較

under、beneath、below があります。

● under 「〜の真下に」

対象となる物の「直下にある」ことを表します。特に、上が何か
に覆われている、または隠れている状態を表すことが多いです。

The cat is under the table.

ネコはテーブルの真下にいる。

● beneath 「〜より低い位置に」

日常会話ではそう使わない前置詞です。

under よりもフォーマルな時に使います。支配下にある時、地
位が下であるようなニュアンスがあります。

My apartment is beneath your apartment.

私のアパートはあなたのアパートの下にある。

● below 「〜より低く、〜より下流に」

他よりも低い位置にあることを示し、垂直の位置関係を表す時
によく使います。

The temperature is below freezing.

気温は氷点下だ。

underは物理的な覆われている状況、beneathはフォーマルな語、belowは相対的に低い位置関係を表します。

Epilogue

　最後までお読みいただき、ありがとうございます。

　「10前置詞」、いかがでしたか？

　読む前はよく知らなかった、それぞれの前置詞のコアイメージがわかると、疑問が解決していくと思います。

　私は日本に来てから、40年になります。
　日本の皆さんが、何が得意で、何が苦手か、いろいろと声を聞かせていただく中で、英語の何がわからないのかがよく理解できるようになりました。

　これは前置詞に限りませんが、学校で英語の間違ったイメージや、間違っているわけではないけれども限定されたイメージを持ってしまい、後で苦労して覚え直しているケースが多いです。

　もちろん学校が間違ったことを教えているわけではありませんが、たとえば「onといえば『〜の上に』」というように、1つのイメージだけを正しいと思い込むケースが多いようです。

「コアイメージ」がわかれば、感覚的に前置詞が使い分けられるようになります。

　ネイティブは幼い子どもの頃に、これをマスターしているわけです。だから正しく使えるのです。

　英語が母国語ではないのに、学ぼう、使いこなそうとする日本人の姿勢を、いつも私は尊敬しています。

　母国語ではないからこそ、大事なのは、「**表現力に直結する学びをする**」ことです。

　ウンチクのためとか、相手に一目置いてもらうための英語学習では役に立ちません。

　正しい英語学習は、ネイティブがどう使いこなしているのかを見聞きし、体験するのがもっとも手っ取り早い方法でしょう。

　この本を読み終えたあなたは、ネイティブがもっともよく使う前置詞について、ほぼ理解できたのではないかと思います。

　ぜひ実際の会話でどんどん使い、ネイティブとの楽しいやりとりに活かしてください。

デイビッド・セイン

【著者紹介】

デイビッド・セイン（David Thayne）

米国出身。米国の証券会社に勤務後、来日。「日米ネイティブ」として、日常会話からビジネス英語、TOEICまで幅広く指導中。日本人の得手不得手をしっかりふまえた英語学習法で世代を問わず支持されている（著書の累計部数は400万部を超える）。

日経・朝日・毎日新聞・Japan Times等での連載や、オンライン英語学校ワールドフレンズ主宰、英語とコミュニケーション能力が身につく企業研修、英語教材やコンテンツの制作等を手がける。

著書に『ネイティブ流シンプル英語　日常・旅先・メール・SNS英語　ネイティブが使うのはたった15動詞！』『同・9助動詞！』（秀和システム）、『10年ぶりの英語なのに話せた！ あてはめて使うだけ 英語の超万能フレーズ78』（アスコム）など多数。

AtoZ English 英会話スクール：
https://www.smartenglish.co.jp/

ネイティブ流シンプル英語
日常・旅先・メール・SNS
英語　ネイティブが使うのは
たった10前置詞！

発行日　2024年 3月20日　　　第1版第1刷

著　者　デイビッド・セイン

発行者　斉藤　和邦
発行所　株式会社　秀和システム
　　　　〒135-0016
　　　　東京都江東区東陽2-4-2　新宮ビル2F
　　　　Tel 03-6264-3105（販売）Fax 03-6264-3094
印刷所　三松堂印刷株式会社　　　　Printed in Japan

ISBN978-4-7980-7200-5 C0082